Píldoras Antidesempleo tras la Cuarentena
Cómo buscar trabajo en 4 pasos

José Luis Bezanilla

Píldoras Antidesempleo tras la Cuarentena

© José Luis Bezanilla
Primera edición: noviembre 2020

ISBN: 979-85-644-763-86
Ilustración de portada: Lucía Bonilla, Krealü
Portada: Javier Ramos
Editor / Maquetación: Ramón Calatayud

Todos los derechos reservados. No está permitida la reproducción total o parcial de este libro, ni su tratamiendo informático, ni la transmisión de ninguna forma o por cualquier medio, ya sea electrónico, mecánico, por fotocopia, por registro u otros métodos, sin el permiso previo y por escrito de los titulares del Copyright.

ÍNDICE

Prólogo: Cocinero antes que fraile 5

Introducción: Le puede pasar a cualquiera 9

Parte 1

¿Por qué y para qué este libro? 17

Parte 2

Tratamiento en 4 pasos: Camino hacia el empleo 35

    Paso 1. Comienza tu diagnóstico 39

    Paso 2. Mide tus fuerzas 59

    Paso 3. Necesitas un plan para tus objetivos 79

    Paso 4. Píldoras para la comunic-acción 91

Agradecimientos 157

José Luis Bezanilla 159

Bibliografía 161

PRÓLOGO
COCINERO ANTES QUE FRAILE

Querido lector:
No habría escrito este prólogo para el libro que tienes en tus manos, si no hubiera hecho en menos de un minuto un *Elevator Speech* (también llamado *Elevator Pitch*) a uno de los mayores empresarios de España.

Si no sabes en qué consiste este artefacto te contaré un *storytelling*, (entonces tampoco sabía lo que era un *storytelling*), por aquí lo llamamos soltar un rollo, que es una técnica muy utilizada en *marketing* con el fin de conectar emocionalmente con las personas, o aburrirlas si la cosa no funciona.

Por aquellos tiempos, un amigo me invitó a una comida con una serie de personas a las que, en la tertulia que se celebraba a la hora de los postres, yo tendría que hablarles de algún tema de actualidad.

Entonces, como simple ciudadano español, yo estaba muy preocupado a causa del paro creciente consecuencia de la crisis de las *sub-prime*, y por ello andaba dándole vueltas a la cabeza buscando el modo de facilitar la búsqueda de empleo a los parados. Me daba cuenta de que esa crisis era distinta de todas las que había conocido a lo largo de mi vida. En las listas del paro había desempleados de las más diversas profesiones y especialidades, incluso arquitectos, ingenieros, empresarios, técnicos comerciales, etc etc, aparte de los tradicionales buscadores de empleo. Pero nunca había visto personas tan capacitadas como aquellas.

¡Eureka! —me dije—: ¿Por qué no se ayudan unos a otros a encontrar empleo?

Siempre hay un cenizo en este tipo de comidas-tertulia especializado en poner a prueba al conferenciante y amargarle la comida precisamente a los postres dejándole sin la crema catalana.

Cuando terminé mi exposición, el cenizo dijo más o menos: ¡Eso que cuentas es una tontería! Si consigues ponerla en marcha, con esa idea, solo podréis llegar a unos pocos, pero hay cientos de miles, hay millones de parados. La única forma de acabar con el paro es bajar los impuestos. Y se quedó tan tranquilo mientras tomaba sus natillas y las mías. Yo no me quedé tranquilo porque no estaba en mi mano bajar los impuestos, por ello, en vez de entrar al trapo de la improbable bajada de impuestos, panacea que todo lo resuelve, pregunté ¿Y mientras tanto qué hacemos con los desempleados, nos quedamos cruzados de brazos? Y guardé silencio mirando al resto de los comensales.

¿A ti qué se te ocurre? —me preguntó el anfitrión.

Se podrían hacer unas lanzaderas de empleo en las que equipos de personas desempleadas voluntarias, activas, visibles y solidarias se ayudaran mutuamente de modo gratuito a capacitarse y buscar empleo sistemáticamente. No sería muy difícil encontrar locales suficientemente equipados para que se reunieran a diario con una jornada razonable, coordinados de modo muy profesional por un *coach,* que sería el único que cobraría por su trabajo.

Una persona desempleada es como una casa abandonada, empiezan las goteras por el tejado, entran los ratones, las alimañas y las zarzas y tumban la casa en unos pocos años. Pero si esa persona desempleada sale de casa por la mañana para ayudar a otros, ya está salvado. En ausencia de trabajo una ocupación es salvadora, y qué mejor ocupación para alguien desempleado que buscar trabajo en compañía de personas que están en su misma situación.

Este argumento no convenció al comensal que era fanático partidario de la rebaja de impuestos (seguro que había otros allí que pensaban como él y callaban), pero, aunque yo sabía que mi idea era buena (economía colaborativa), era menester hacer la prueba de la realidad pasando de las musas al teatro, que diría Lope de Vega.

Quiso la casualidad que meses más tarde de aquella comida-tertulia, tuve la oportunidad de presentar un proyecto tecnológico al citado empresario que citaba al principio y cuyo nombre omito. A mí no se me iban las personas paradas de la cabeza, por ello, cuando ya nos despedíamos, me atreví a decirle al empresario: —Tengo una idea para integrar desempleados en el sistema productivo— y sin dejar que se repusiera, en el tiempo en que un ascensor recorre ocho pisos más o menos, le conté lo de "desempleados que ayudan a desempleados a encontrar trabajo etc. etc". Todo el rollo *del elevator pitch*. Él no me dijo nada de bajar los impuestos y además era un filántropo. Daba la casualidad de que era un hombre sensible al problema y de que la Fundación que presidía estaba trabajando en ello. Me animó a contárselo al director general de la Fundación… sus técnicos fueron a visitar una experiencia piloto que financiaba la Obra Social de La Caixa en Aguilar de Campoó y como diría Lope de Vega: *Más de ciento en horas veinticuatro pasaron de las musas al teatro.*

Cuando las lanzaderas de empleo ya estaban funcionando con éxito, la Diputación Foral de Vizcaya envió una delegación a Aguilar de Campoó para visitar in situ aquella experiencia pionera. Recuerdo que entre los visitantes estaba José Luis Bezanilla Orallo, autor de este libro, a la sazón desempleado y que sería el primer coordinador de la Lanzadera de Bilbao y que ha tenido la gentileza de acordarse de aquello y de acudir a mí para que le escribiera el prólogo de un libro que lleva el título PÍLDORAS ANTIDESEMPLEO.

En sus páginas, con una amenidad y una claridad muy de agradecer, vuelca su experiencia como periodista, como trabajador, como desempleado, como técnico de empleo y como coordinador de Lanzaderas de Empleo y lo hace con la profesionalidad y el calor del que ha sido cocinero antes que fraile. Por su vocación y conocimientos y por su claridad expositiva espero que tenga mucho éxito y, teniendo en cuenta que el desempleo es una enfermedad contagiosa, propongo que sus píldoras se vendan también en las farmacias. (Fin del storytelling).

José María Pérez "Peridis"
Arquitecto, humorista y escritor. También promotor de las Escuelas Taller y de las Lanzaderas de Empleo y Emprendimiento Solidario.

INTRODUCCIÓN
LE PUEDE PASAR A CUALQUIERA

¿Recuerdas dónde estabas a finales del 2012? Yo sí, cómo olvidarlo, y aunque ahora escribo estas líneas, para mí, fue el fin del mundo.

A punto de entrar en un nuevo año, que casualmente termina en 13, numerosas profecías que anuncian el fin del mundo se hacían virales en internet; y, de todas ellas, hay una que parece coger fuerza, o lo que es peor, credibilidad. Los Mayas, esa antigua y misteriosa civilización originaria de la Península de Yucatán y que siempre nos han sorprendido por su avanzado conocimiento en materias como las matemáticas o la astronomía crearon un calendario hace 3.000 años, un calendario con una fecha final: 21 de diciembre de 2012.

¿Cómo nos quedamos? Informativos, tertulias radiofónicas, reuniones familiares y conversaciones de barra; en cualquier lugar se hablaba del tema y, aunque la mayoría bromeaba con ello, siempre había quien mostraba su preocupación. Sin embargo, llegó el día 22, y ¿qué ocurrió? Sonó el despertador, desayunamos, nos metimos en la ducha y continuamos con nuestras vidas. Llevábamos un tiempo preocupándonos por algo que no sucedería; o, al menos, de la manera en la que, supersticiosamente, se había imaginado.

Más tarde nos explicarían que, en realidad, esa fecha final se correspondía con la conclusión de un gran ciclo. Personas expertas en civilizaciones mesoamericanas y la América precolombina, concluyeron que el calendario maya consistía en una suerte de círculo estructurado en cinco partes y que el último día de la quinta cuenta larga coincidía precisamente, con aquel solsticio del 21 al 22 de diciembre del 2012.

Optimista por naturaleza, tengo que reconocer que esta característica me tocó de serie, siempre pensé que, en realidad, esa fecha lo que podía indicar era un cambio de era. El final de una época. No sería yo quien dudase de la inteligencia de la civilización maya, así que, en aquel momento, me preparé para todo lo que pudiera llegar. Era evidente que el fin del mundo no tocaba todavía, aunque algo me decía que se avecinaban cambios. Cambios que, por supuesto, yo esperaba que fuesen para bien. Llevábamos ya unos cuantos años de crisis económica y podía ser el momento en el que las cosas comenzaran a mejorar.

Y llegó. El momento no se hizo esperar. Solo cuatro días después de lo que el calendario maya vaticinaba, mi vida, tal y como la tenía planificada, se acabó. Concretamente eran las 11.30 de ese 26 de diciembre.

En el 2012 apenas me acababa de estrenar en la cuarentena. A pesar de que la crisis económica campaba a sus anchas a mi alrededor; y que azotó, no solo a mi profesión (los medios de comunicación), sino a todos los sectores; parecía que el desempleo no se había fijado en mí. Me miraba de reojo, ya que buenos compañeros y profesionales, familiares y amistades, caían a diario en esas largas listas del desempleo. Sin embargo, a mis 41 años, el trabajo me sonreía y yo sonreía en el trabajo.

Tras doce años en una conocida agencia de noticias, cubriendo la información política y realizando piezas informativas, recibí una llamada en la que me ofrecían un empleo como asesor de comunicación al otro lado de los medios. Trabajaría en un gabinete de prensa de un importante partido político y sería el responsable de la comunicación audiovisual, de la página web e incluso de las redes sociales.

Acepté el reto con ilusión y responsabilidad, como dicen en política; que además de mejorar mi salario, me ofrecía la oportunidad de crecer y desarrollar mi labor profesional. Este trabajo me daba la posibilidad de descubrir la "otra cara de la luna"; la comunicación desde esa parte política oculta y que los y las profesionales de los medios desconocemos. Ahora me tocaba facilitar y filtrar la información a quienes durante tantos años habían sido mis colegas y que todavía hoy, siguen entre mis amistades.

Mi fin del mundo llegó tan solo con una semana de desviación respecto a los cálculos precisos mayas. Cuando la responsable de recursos humanos de la organización política para la que trabajaba me invitó aquella mañana a su despacho para decirme que mi contrato finalizaba, fue como un misil en la línea de flotación de mi pequeño mundo.

Desde que entré en el mercado laboral jamás había pisado una oficina de empleo. Durante 18 años, había ido mejorando laboralmente y, lo que es más importante, disfrutaba con lo que hacía. La empresa iba bien, todo el mundo estaba contento con mi trabajo, y en ningún momento sospeché que mi puesto corriese peligro. De hecho, fueron circunstancias que nada tuvieron que ver con mi desempeño ni con mi persona las que provocaron la cancelación anticipada de mi contrato.

Como os habrá ocurrido a la mayoría, en ese instante creí que el universo se alineaba contra mí. Era el hombre más desdichado de la tierra, el ser más infeliz. Mi vida, mi trabajo, mi trayectoria laboral, construida con esfuerzo durante tantos años, se derrumbaba como un castillo de naipes con solo dos palabras: "Estás despedido".

Recuerdo esa llamada a mi mujer para contarle lo que acababa de suceder. Las pocas palabras que podía pronunciar salían entrecortadas desde una garganta seca. Los temblores recorrían todo mi cuerpo fruto del nerviosismo y de la sensación de vacío e, incluso, de miedo que me invadía. Seguramente, quienes habéis pasado por la misma experiencia os veréis en el reflejo y reconoceréis inmediatamente esas emociones y los efectos que producen en nuestro cuerpo y en lo que pensamos, sentimos y decimos cuando nos comunican un despido. Emoción, corporalidad y lenguaje, tres planos interrelacionados. Aprender a gestionarlos es fundamental para alcanzar un estado de tranquilidad y confianza que nos va a facilitar la búsqueda de un empleo.

Defendía Platón que para llegar a ser gran profesional de la medicina se deben haber sufrido todas las enfermedades que se pretenden curar y todos los accidentes y adversidades que se pretende diagnosticar. Sin duda, el tiempo que pasé en el desempleo y, sobre todo, el que llevo acompañando a personas que buscan un trabajo, me ha permitido aprender y recoger por el camino herramientas que han dado resultado y que, como vamos a ver en este libro, han ayudado a que hiciesen realidad su objetivo: volver al mercado laboral.

Tras un periodo desempleado, en el que en ningún momento estuve parado, los caminos del empleo me llevaron a un lugar donde las personas trabajaban de manera colaborativa, como si formaran parte de una empresa; con el objetivo de encontrar empleo para todos los miembros del equipo. Investigué, me acerqué y pronto comencé a formar parte de ese gran proyecto que son las "Lanzaderas de Empleo y Emprendimiento Solidario" de la Fundación Santa María La Real.

"A los problemas del presente y del futuro, no le podemos aplicar recetas del pasado". Con esta premisa, José María Pérez "Peridis" asentó las bases para crear este fantástico programa de innovación social para el empleo.

Si no has oído hablar de las lanzaderas, estás de suerte porque aquí tienes un mundo abierto de posibilidades para tu búsqueda de empleo. Trabajando día a día acompañando a personas que con ilusión y de forma solidaria se esfuerzan por encontrar oportunidades laborales, me di cuenta de que tenía una habilidad especial. Incluso me atrevería a decir que se trataba de un superpoder: al mismo tiempo que acompañaba a la gente en esa búsqueda, ayudando a que fuesen mejores profesionales y con más valía, ese superpoder adquiría más fuerza. Yo no paraba de crecer como profesional y como persona.

Desde hace unos años trabajo como técnico de empleo en proyectos de innovación social como "Lanzaderas de Empleo y Emprendimiento" y en talleres de empleo para diferentes servicios públicos. En este libro me propongo trasladar lo que he aprendido y, sobre todo, lo que hemos puesto en práctica durante estos años para que personas, en situación de desempleo, consigan regresar al mercado laboral.

La inestabilidad laboral de quienes nos dedicamos al empleo, hace que se da la paradoja maravillosa de que en estos proyectos comienzo trabajando con personas desempleadas y finalizo desempleado con esas personas trabajando. Y digo maravillosa porque, posiblemente, acompañarlas en su búsqueda, no solo de un empleo sino de sí mismas, es el trabajo más gratificante que he tenido la oportunidad de disfrutar. Durante unos meses, que se prorrogan durante toda una vida, escucho, animo, trato de motivar y de ayudar para que den un sentido a su vida profesional y personal. Trabajamos en equipo y de manera colaborativa con el fin de mejorar la empleabilidad de las personas que participan y, de esta forma, aumentar sus oportunidades de encontrar un empleo.

Marca personal, inteligencia emocional, colaboración, trabajo en equipo, conocimiento del tejido empresarial, contactos con empresas, comunicación, currículums, entrevistas de trabajo, y mucho más; es lo que compartimos cada día en estos programas de empleo. También lo vamos a compartir aquí, ya que para cada uno de estos puntos hay un rinconcito en este libro. Se trata de aportar algo más que la orientación laboral clásica y tradicional a la que nos habíamos acostumbrado, donde se aconseja cómo elaborar un currículum o qué debemos decir en una entrevista de trabajo. Acompañando a personas desempleadas y a través del *coaching* conseguimos que tomen conciencia de su potencial, de sus habilidades y competencias; que descubran nuevas líneas de acción que van a multiplicar sus posibilidades de éxito en la búsqueda activa de empleo.

He querido comenzar el libro con mi historia, una más, por desgracia, de tantas. Una historia con final feliz, dura, con mucho esfuerzo, pero feliz. No soy ningún teórico ni experto que habla desde un atril. Este libro está escrito por alguien como tú, por una persona que vivía tranquila en su día a día hasta que alguien lo despidió.

Pasado el tiempo y echando la vista atrás, solo me queda dar las gracias por el aprendizaje que en este libro me atrevo a compartir con todas aquellas personas que están dispuestas a tomar las riendas de su futuro y hacer cuanto dependa de ellas para alcanzar sus objetivos. Doy las gracias porque esa experiencia en el desempleo de casi dos años me hizo más fuerte, me ayudó a crecer personal y profesionalmente y, sobremanera, me enseñó a observar la vida con otros ojos.

Lo cierto es que vivía bastante bien antes del despido, pero vivía la única vida que conocía. Sin esa experiencia cuántas historias me hubiese perdido, a cuántas personas hubiese dejado de acompañar, y quién sabe de cuántas cosas me hubiese arrepentido al no tener el valor de salir de mi "perímetro de seguridad".

Parte 1.
¿Por qué y para qué este libro?

PARTE 1.
¿POR QUÉ Y PARA QUÉ ESTE LIBRO?

De camino a casa después de recoger mis cosas en el despacho, en mi cabeza repetía una y otra vez: "¡No puede ser! ¡Qué hago yo ahora!". Tanta dedicación al trabajo, fines de semana renunciando a la familia, para qué. Lo cierto es que disfrutaba tanto con lo que hacía que perderlo suponía mucho más que perder un sueldo. Pérdida de autoestima, el estigma social que conlleva estar en el desempleo, cambiar las rutinas diarias o incluso no tenerlas ya, perder el contacto con el mundo laboral, la relación con los y las compañeras; todo esto, y mucho más, suponía quedarme sin empleo. Son muchas cosas las que se pierden y uno de los "porqués" de este libro es ayudar a que las recuperes.

Se trataba de una situación nueva para mí, a la que no me había enfrentado antes y que, por supuesto, como nunca la había imaginado ni la había visualizado, no estaba preparado para vivirla. Carecía de las herramientas necesarias para afrontar mi despido y mucho menos para convertir ese momento en una oportunidad para cambiar y crecer. Este es, sin duda, uno de los "para qué" de este libro. Está diseñado para que vayas recogiendo, a medida que vas avanzando en su lectura, aquellos consejos, experiencias o acciones que hasta ahora no has puesto en práctica en tu búsqueda de empleo.

Cuántas veces habrás oído eso de que tienes que sacar lo bueno, aunque sea de una situación tan dramática como es estar en desempleo. No hay que anclarse en el dolor de nuestra tragedia, sea cual sea, y es necesario aprender "a pasar pantalla", pero esto no significa hacerlo lo más rápido posible sino de la mejor forma que se pueda. Si acabas de perder tu trabajo, sé que es pronto para que puedas ver el despido como una oportunidad y mucho menos que encuentres palabras que consuelen la tristeza que sientes, que calmen tu ira o que apacigüen tu rencor.

Es necesario que pase un tiempo, un tiempo que solo tú pactes, para poder observar lo que te está ocurriendo desde otro punto de vista. Ayudarte a cambiar la actitud y poder superar el luto, es otro de los propósitos de este libro.

Cuando perdí el trabajo mi vida se paró, por algo lo llaman el paro. A la mañana siguiente dejaba de tener motivos para levantarme pronto, tenía que acostumbrarme a la nueva situación. Recuerdo que recibí una llamada de un periodista que me pedía que gestionara una entrevista con un político. Disimulando mi dolor y mi tristeza, le tuve que decir sin dar muchas explicaciones que ya no trabajaba para ellos.

Pasaban los días y dejé de recibir llamadas de trabajo, incluso de amistades y compañeros que se habían preocupado por mi situación en los días posteriores a mi despido. Esto es algo que nunca llegué a reprochar puesto que, aunque nuestro mundo se detenga, soy muy consciente de que la vida sigue para el resto. Quienes hablan de la relatividad del tiempo poseen mucha razón. De hecho, la cultura griega, empleaba dos términos para referirse al tiempo, dos palabras que representan conceptos diferentes. *Cronos* y *Kairos*. El primero se refiere al tiempo cuantitativo, el cronológico, el que se mide en horas, días, meses y años; mientras que *kairos* representa ese momento especial, hace referencia al tiempo de calidad, ese en el que llevado por lo que estás haciendo, pierdes la propia noción del tiempo.

Cuando nos encontramos con alguien que conocemos, le contamos que estamos en situación de desempleo y, con toda la buena voluntad, nos dice algo así como: "Pues ya voy a hacer un par de llamadas a ver si sale algo, yo te llamo". La espera hasta que llega ese momento, si es que llega, se hace eterna. Sin embargo, para nuestra persona conocida, metida en su rutina diaria y entretenida con cientos de asuntos, la percepción del tiempo pasado hasta que llega ese momento, seguro que no es la misma. Yo estuve muchos días esperando una llamada prometida que nunca llegó y en aquel tiempo los minutos se convirtieron en horas, así como los días en meses. Para que aproveches ese tiempo de espera y lo conviertas en tiempo de provecho, es este libro.

Un peregrino al llegar a un pueblo se sintió atraído por su cementerio. Al acercarse a las tumbas se dio cuenta de que quienes fallecían tenían edades muy jóvenes. ¿Qué desgracia habría ocurrido en este pueblo para que la gente solo viviese dos, cinco, ocho o como mucho diez años?

Cuando el peregrino llegó al centro del pueblo se percató de que el vecindario era muy anciano. Se acercó a uno de ellos y le preguntó con tristeza: "¿Qué ha pasado con las criaturas? ¿Por qué mueren tan jóvenes?". Con una sonrisa le respondieron que los niños y las niñas crecían felices, llegaban a la edad adulta y que, en ese pueblo, la gente fallecía muy anciana. Lo que ocurría era que al nacer se les regalaba un libro en el que señalar aquellos momentos que de verdad eran experiencias vividas. Por eso, en las tumbas, solo aparecía el tiempo que de verdad habían vivido, el tiempo de calidad, el *Kairos*.

Encontré por casualidad este cuento que me ayudó mucho a pensar en la importancia que tienen los momentos vividos, y lo importante que es no perder el tiempo esperando y desesperando a que nos llegue la solución cuando puede estar en nuestras manos buscarla.

¿Qué has hecho durante el confinamiento? Es una pregunta con la que se están encontrando las personas que recientemente se están presentando a procesos de selección. Cómo hemos aprovechado ese "tiempo vivido" en nuestras casas aporta muchísima información a quienes seleccionan. Si lo hemos dedicado a formarnos, a participar en foros virtuales de nuestro sector, a disfrutar de la familia, a ver series, a leer o a escribir, va a decir mucho de cuál es nuestra actitud ante una situación inesperada.

"Píldoras antidesempleo tras la cuarentena. Cómo buscar trabajo en 4 pasos" nace, precisamente, durante los primeros días del confinamiento, y por eso este título juega con los diferentes significados de la palabra "cuarentena".

El libro va dirigido principalmente a personas mayores de cuarenta años que, o bien están en situación de desempleo, o quieren dar un giro a su objetivo profesional. Pero también, la palabra "cuarentena" hace referencia a ese tiempo que necesitamos para superar el duelo por una pérdida de empleo, retomar fuerzas y enfocar la búsqueda de un nuevo trabajo. Todas las personas que nos hemos quedado sin empleo o que queremos dar un giro a nuestras vidas y cambiar de trabajo, necesitamos un periodo de adaptación y de reorientación. Un tiempo para reflexionar, para poner nombre a lo que nos está ocurriendo, para saber hacia dónde queremos ir, ser consciente de aquello con lo que contamos y todo lo que nos falta para alcanzar nuestros objetivos profesionales.

En una de las charlas para presentar los programas de empleo en los que participo, se me ocurrió contar, para explicar ese tiempo que necesitamos todos, una historia que puedes encontrar navegando por la Red "La renovación del águila". Este relato cuenta que el águila es el ave de mayor longevidad de su especie. Llega a vivir setenta años, aunque para llegar a esta edad, a los cuarenta, deberá tomar una seria y difícil decisión. Cuando alcanza su cuarentena, sus garras ya no son lo suficientemente duras como para atrapar presas, su pico se curva apuntando contra su pecho y sus alas están viejas y pesadas. Cazar y volar se convierte en una tarea cada día más complicada y ante esta situación tiene dos alternativas: dejarse morir o someterse a un duro proceso de renovación.

Precisamente, a los cuarenta años, decide volar hacia lo alto de una montaña; hacer un nido que le sirva de refugio y comenzar allí su cambio. Golpea su pico viejo y curvado contra la pared hasta que consigue arrancarlo. Espera a que le crezca uno nuevo y con él se va quitando una a una las plumas de esas alas pesadas que le impiden volar. Con su nuevo pico se desprende de sus uñas para que le crezcan las nuevas que le permitirán agarrar con fuerza a sus presas. Finalmente, después de cinco meses muy duros, es capaz de emprender su vuelo de renovación que le permitirá vivir treinta años más.

Motivador, ¿verdad? Bueno, pues cuando terminé de contar la historia que encajaba perfectamente como metáfora de lo que estaba explicando, un compañero me mira, me sonríe y me dice que eso es mentira, que él sabe mucho de águilas y que eso no es así.

Navegué de nuevo por internet, y confirmé que mi compañero tenía razón, la historia de la renovación del águila es como el mito del ave Fénix que resurgía cada 500 años en el Oriente Medio. Pero yo necesitaba mi metáfora y me empeñé en seguir buscando en la naturaleza. Y la encontré. La langosta es un animal suave y pulposo que vive dentro de un caparazón rígido. Ese caparazón rígido no crece, no se expande, entonces ¿cómo hace para crecer? Ese exoesqueleto que lo protege, también llega a ser su prisión. La langosta, para crecer, necesita deshacerse de su caparazón y lo que hace es esconderse bajo las piedras donde se siente a salvo de sus depredadores. Allí se golpea contra las rocas hasta que logra romperlo. Permanece escondida el tiempo suficiente hasta que produce el nuevo caparazón acorde a su tamaño. Esto ocurre varias veces a lo largo de su vida.

El psiquiatra Abrahan J Twerski afirma que "el estímulo que permite a la langosta crecer es sentirse incómoda". Defiende también que "si las langostas tuvieran doctor nunca crecerían, porque en el momento en el que se sintiesen incómodas acudirían a él para conseguir Valium y al sentirse bien de nuevo nunca se desprenderían del caparazón".

Seas águila o langosta ahora tienes tiempo para desprenderte de tu caparazón y producir uno nuevo. Tiempo para reconocer tu dolor, reponerte y crecer. La vida pasa tan deprisa que no siempre tenemos tiempo para vivir este tiempo de calidad, en el que pueden surgir nuevas oportunidades. En este libro encontrarás historias de personas que estuvieron desempleadas y desprotegidas y que, un día, tomaron la decisión de parar, pensar, actuar y volar.

* * *

Ya tienes más de cuarenta
El tiempo pasa y ya tienes más de cuarenta. Has superado crisis anteriores, puede que hayas estado en el desempleo en alguna ocasión y que todo lo que te estoy contando te resulte familiar. Lo primero que tienes que pensar es que aún tienes mucho por demostrar. A los cuarenta años, tal y como está la jubilación hoy en día, todavía te queda casi el 70% de vida laboral, y a quienes tenéis cincuenta, aproximadamente el 40%. ¡Mira todo el tiempo que se presenta por delante!

Cuando te quedaste sin trabajo lo primero que pensaste, seguramente, fue en la economía familiar, en el dinero que ibas a dejar de llevar a casa. El sueldo es un aspecto muy importante, sin duda, pero a medida que cumplimos años, nos damos cuenta de que hay otras cosas que también son muy valiosas y que están directamente relacionadas con la pérdida de un empleo. El trabajo es, además, fuente de autoestima y realización personal, de identidad social y personal, de expresión de habilidades, de prestigio social y es un pilar sobre el que estructuramos nuestro tiempo. Marca el ritmo de nuestro día a día y, en muchas ocasiones, nos da un motivo para continuar.

Estructuramos de tal manera nuestro tiempo, que el trabajo ocupa un espacio enorme. Dejar de trabajar supone desprendernos de, al menos, una tercera parte (si no es más) de nuestra vida y, a medida, que caen los años y más tiempo llevamos trabajando, el dolor por esta pérdida es mayor.

Es por esta razón por la que no es lo mismo enfrentarse al desempleo cuando tenemos veinte o treinta años que cuando es precisamente este tiempo el que llevamos trabajando. Al entrar en la cuarentena, quien más o quien menos lleva casi veinte años en uno o varios empleos, acostumbrado a una forma de vida donde el trabajo ocupa un lugar fundamental, e incluso, en muchos casos, preferente. Mi experiencia durante años acompañando a distintos colectivos y a personas desempleadas de diferentes edades, me demuestra que las herramientas que necesita una persona sin trabajo que ha entrado en la década de los cuarenta o de los cincuenta para volver a la actividad laboral, son distintas a las que un recién licenciado o un joven de treinta años puede recurrir.

Esta es la razón por la que el libro va dirigido principalmente a ese amplio colectivo de personas sin empleo pero que cuentan con una larga trayectoria laboral. Píldoras antidesempleo son consejos en pequeñas dosis y ejercicios prácticos para personas en desempleo que han funcionado y han tenido un efecto positivo mejorando su actitud, su empleabilidad y sus competencias; y, por lo tanto, multiplicando así sus oportunidades para encontrar un empleo.

Esto no quiere decir que, por prescripción médica, estas píldoras, estos consejos, sean solo para mayores de cuarenta. Seguro que muchas personas jóvenes pueden aprovechar estos consejos, hayan o no tenido experiencia laboral previa, por lo que alguna que otra píldora seguro que también les viene bien.

Pero, insisto, casi la mitad de las personas que a diario se inscriben en las listas del SEPE, son mayores de cuarenta; por lo que no solo las instituciones, sino también, quienes somos profesionales del empleo, debemos facilitar herramientas para mejorar sus oportunidades laborales.

Estás en una terraza tomando algo con los amigos, se te acerca una joven de veinte años te sonríe y te pregunta: "Señor, ¿está libre esta silla?" Es la primera vez que te llaman "señor" y a partir de ahí, seguro, no será la última.

De camino al Servicio de Mediación donde en menos de media hora firmaría el acto de conciliación que me desvincularía laboralmente de la empresa en la que trabajaba, mi abogada, de pronto, se detiene, me mira a los ojos y me pregunta:

—José ¿cuántos años tienes? —Me quedé sorprendido por la pregunta.
—41 —respondí.
—Aún eres joven. —Me dijo mientras retomaba de nuevo el paso.

En ese momento no entendí qué quería decir mi abogada con aquella pregunta y el comentario posterior, o, al menos, no le di importancia. Fue un par de meses después, cuando acudí a mi primera entrevista de trabajo tras el despido y aquella persona que me entrevistaba, que por cierto aparentaba diez años más que yo, me dijo que no encajaba en el perfil porque estaban pensando en alguien más joven para el puesto.

Ese fue mi primer gran golpe en la frente contra la realidad que me esperaba, tenía más de cuarenta y estaba en el desempleo. Era la primera vez que me decían que ya no era tan joven.

Lo que mi abogada me estaba diciendo es que aún tenía edad para encontrar otro trabajo. "Aún eres joven" me dijo. Yo me veía jovencísimo, en el mejor momento de mi vida laboral, pero, a la vista de algunas personas, parecía que no. Los años habían ido pasando y sin pensar en ello me había plantado en la cuarentena y, al parecer, acababa de traspasar una frontera peligrosa.

Se empeñan en situar el corte a partir de los cuarenta y cinco, por lo que subsidios, ayudas, asociaciones e instituciones la marcan como una edad crítica si nos encontramos en el desempleo. Parece que una vez cumplidos, pasamos a formar parte de ese grupo de personas mayores que lo van a tener complicado para superar un proceso de selección. Tal vez sea porque a mí el desempleo me llegó casi recién cumplidos los cuarenta, por lo que en este libro rebajo cinco años la edad en la que las personas responsables de recursos humanos comienzan a mirarnos con otros ojos. La barrera psicológica comienza con la entrada en la cuarentena. Veinteañero y treintañera suena a juvenil, a fresco, sin embargo, a quienes entramos en las décadas siguientes nos empiezan a llamar cuarentones o cincuentonas, y eso ya empieza a oler un poco a rancio.

Aproximadamente, en nuestro país, hay casi un millón y medio de personas mayores de cuarenta y cinco años que se encuentran en búsqueda activa de empleo con dos décadas por delante hasta la jubilación. Todos los que nos hemos visto en esta situación, sabemos lo estresante, agotador y desagradecido que resulta el trabajo de buscar trabajo. Si a esto le añades que los que llamamos a las puertas de las empresas tenemos más de cuarenta, la situación es aún más desesperante. Los datos indican que de media tardamos más de año y medio en encontrar empleo, un tiempo que se eleva a dos años si hemos cumplido los cincuenta.

Este libro pone la mirada sobre todo en este colectivo puesto que es necesario buscar caminos para su empleabilidad. Hay un dato que no debemos olvidar, en el 2060, el 40% de la población será mayor de sesenta y cinco, y como escuché en una conferencia, "las empresas no van a tener más narices que contratar a mayores porque no habrá tantas personas jóvenes, ya que la población envejece".

Hay una serie de estereotipos que acompañan a lo que se llama "talento senior" y que frenan el acceso al mercado laboral como son la falta de flexibilidad, de adaptación al cambio, la desmotivación o carencias en competencias digitales. Seguramente no encontraremos declaraciones públicas en las que desde los departamentos de recursos humanos reconozcan que han descartado una candidatura por su edad sin comprobar que cuenta o no con esas competencias. Normalmente son filtros de edad automatizados los que se utilizan para cribar en la selección y que nos evitan llegar a la entrevista.

Estos filtros automáticos no tienen en cuenta que si existe una generación que se ha tenido que adaptar a los cambios demostrando su flexibilidad, y que ha visto cómo se incorporaban ordenadores a su trabajo con los que no solo se tenían que entender sino que los tenían que dominar, es la generación de más de cuarenta. Además, considero un error cerrar la puerta a la experiencia. La madurez aporta otra perspectiva, ya que no todas las decisiones hay que tomarlas desde la frescura y la inmediatez, algunas requieren la templanza y la reflexión que aportan los años.

Las personas jóvenes, llamadas nativas digitales, han nacido rodeadas de tecnología y su aprendizaje ha sido tan natural como quien aprende a hablar o a andar desde la infancia. Por el contrario, las generaciones posteriores, hemos tenido que realizar un esfuerzo extra de aprendizaje. Hay profesionales de más de cincuenta años que seguramente al inicio de su vida laboral desarrollaban su profesión sin un ordenador sobre su escritorio, y de pronto, vieron cómo tenían que compartir su mesa con un monitor y un teclado que les iba a agilizar la tarea. La adaptación a las nuevas máquinas tuvo que ser inmediata y, desde entonces, el aprendizaje ha sido continuo. Hoy en día es difícil encontrar una profesión en la que no esté presente la tecnología.

Es importante destruir este tipo de mitos que nos apartan del mercado laboral puesto que las empresas no están valorando determinadas actitudes y competencias que llegan con la edad. Cuando me rechazaron en aquella entrevista por ser mayor para el puesto, lo único que se me ocurrió decir en ese momento fue: "Perdón, me he equivocado al postular en esta oferta. Pensaba que una empresa tan importante como esta quería contratar profesionales y no becarios. Entiendo que si van a pagar una beca y no un sueldo prefieran a una persona recién licenciada".

Las personas con años de experiencia han superado grandes baches y han tenido que resolver problemas que aportan un conocimiento impagable que permiten a las empresas no cometer errores similares.

Hace años, en una multinacional, un directivo realizó una operación que supuso una pérdida muy importante para la empresa. Cuando lo llamó el presidente de la compañía tenía claro que después de recriminar su mala gestión, lo iban a despedir. Tras escuchar el rapapolvo, se levantó con la intención de marcharse a su casa. El presidente le dijo: "¿Dónde crees que vas? ¿Piensas que después de lo que has aprendido con este error te voy a dejar marchar a otra empresa?".

La experiencia es el mayor aprendizaje, y el conocimiento de las personas es el intangible más valioso de una empresa.

Trabajo en una agencia de comunicación donde algunas personas superamos los cuarenta y quienes no, están muy cerca. Mi jefe, que es una persona muy inteligente, lo tiene muy claro. Siempre ha buscado profesionales con trayectoria demostrada y que estaban en desempleo. Es consciente de la motivación de una persona cuando le das la oportunidad de trabajar después de estar en el dique seco y de creer que ya no va a volver a su profesión.

Por supuesto que nos adaptamos a cada situación, aprendemos nuevas herramientas y disfrutamos de nuestro trabajo como en el primer día. ¿Por qué la edad ha de ser un inconveniente? La experiencia de mis compañeros y compañeras le da tranquilidad a mi jefe. Sabe que somos personas proactivas y que no estamos esperando a que nos diga lo que tenemos que hacer y menos cómo lo tenemos que realizar. Solo por esto, no entiendo muy bien por qué las empresas se empeñan en arrinconar y apartar a profesionales con largas trayectorias y que tal y como está hoy en día el mercado, es como ir de rebajas a un centro comercial.

La combinación de juventud y experiencia es la que obtiene los mejores resultados. En aquellos programas de empleo donde los equipos son heterogéneos con gente joven recién licenciada trabajando cada día de manera colaborativa con personas mayores de cuarenta e incluso con participantes de casi sesenta años, es donde mejor ha funcionado el trabajo en equipo. Las empresas deben facilitar la integración y el trabajo intergeneracional porque de esta manera van a obtener mayores beneficios.

* * *

Ya no eres una persona parada

Si en estos momentos te encuentras en desempleo y estás en búsqueda activa, no tendrás un empleo, pero trabajo, no te va a faltar. Parado o parada indica ausencia de movimiento, y automáticamente nos viene a la cabeza una persona que pasa las horas en su casa tumbada en el sofá frente al televisor o navegando sin rumbo en el ordenador. Sin embargo, estar buscando un empleo es uno de los trabajos que más tiempo requiere y que ofrece pocas satisfacciones para el esfuerzo que exige.

Cuando las personas con las que trabajo deciden levantarse del sofá y acudir a los programas de empleo, uno de los primeros consejos que les doy es que empiecen por no permitir que los llamen "paradas". Sois personas en desempleo, pero activas y decididas a hacer todo lo que está en vuestras manos por cambiar la situación.

Por eso este libro habla de acción, y en cada paso, te propongo píldoras para que comiences a trabajar en la búsqueda de nuevas oportunidades laborales.

El lenguaje es el resultado de la suma de tus pensamientos y emociones, tal y como piensas y te sientes, así te expresas. Si empiezas por cambiar tu expresión, también va a cambiar tu forma de sentir y tu forma de pensar.

Es muy importante el poder que tienen las palabras y las connotaciones que las acompañan, así que, a partir de ahora, elimina la palabra "parada", porque es el momento de empezar a andar.

* * *

Ha llegado el momento de despegar

Sí me preguntan en qué momento comencé el despegue, lo tengo clarísimo. Necesitamos vivir una experiencia, una situación, unas palabras o un encuentro con alguien para dar un giro a nuestra vida. Algo que nos despierta, que nos hace mirar de otra forma y nos ayuda a cambiar de actitud. Lo que llaman un punto de inflexión. Hablamos de ese momento o situación que sucede sin que lo estemos esperando y que llega para cambiar nuestra vida. Como si alguien nos diera una bofetada y nos dijera: "¡Despierta y espabila, este es el nuevo camino que debes seguir!"

En ocasiones no se trata de un giro radical, pero ese punto de inflexión sí nos va a mostrar que hay otras rutas diferentes por las que podemos llegar a nuevos destinos.

Cuando estamos sin empleo y vagamos por los senderos del desempleo, a menudo seguimos la vía que nos marca la inercia. Cuando ya hemos pasado por esta situación anteriormente, volvemos a recorrer aquellos caminos que antes nos dieron resultado, pero hay personas para las que esta situación es su primera vez. No hay sendas marcadas de anteriores pasos, ni mapas ni brújulas que les guíen. No les queda otra que abrirse camino a machete en una jungla llena de obstáculos y maleza. Nunca antes han tenido que acudir a las oficinas de empleo y ni siquiera han tenido que hacer un currículum. Además, tras un despido, normalmente, nos quedamos como noqueados y sin capacidad de reacción y no andamos: vagamos sin rumbo fijo.

Incluso aquellas personas que ya recorrieron esos caminos en anteriores ocasiones, se dan cuenta de que el paisaje ha cambiado. Lo que antes funcionaba ahora ya no es suficiente y necesitan nuevos mapas que les guíen por la senda del empleo.

Cuando nos encontramos en desempleo necesitamos un empuje, una señal que nos indique el comienzo del camino. Espero que este libro sea ese punto de inflexión que necesitas y que te sirva de mapa o de brújula para conocer los caminos que otros recorrieron antes que tú.

En mi caso fue un niño, en concreto mi hijo Iker que en aquel momento tenía seis años, el que me dio la bofetada que necesitaba para despertar, superar el duelo y comenzar a andar.

Una situación dramática como perder el empleo no es fácil de ocultar a un niño por mucho que lo intentemos. Los problemas de los mayores creemos que son invisibles ante la mirada de un hijo, y que su mundo los protege y aleja de las preocupaciones. Los niños, las niñas huelen, perciben y sienten que algo no marcha, que la rutina no es la misma y que su madre o su padre no madruga tanto para ir a trabajar como antes.

Aquel día estábamos mi mujer, mi hijo y yo en el salón. Supongo que yo estaba con un libro en la mano, con la mirada perdida, tratando de alejar de mi cabeza aquello que llevaba mucho tiempo ocupando mi cajón de las preocupaciones. Mi hijo se entretenía distraído con un juego de construcciones y cuando fue a coger una pieza que se le había caído junto a mis pies, levantó la mirada y debió ver algo que yo trataba de disimular. Puso su mano sobre la mía y con toda naturalidad y desde la inocencia de un niño me dijo:

—Aita, ya sé que te pasa algo. No tienes trabajo y por eso estás triste. No te preocupes.

Se agachó debajo de la mesa donde teníamos un cesto con pinturas y hojas, lo puso sobre la mesa y comenzó a escribir sobre el folio. Como ese año había iniciado su incursión en la lectoescritura pensé que estaba tratando de demostrarme lo que había aprendido. Cuando él creyó que había terminado su ejercicio, cogió la hoja y me la puso entre mis manos.

—¡Toma, como lo que te pone triste es que no tienes un contrato aquí tienes uno! ¡Tu trabajo ahora es cuidarme!

No hizo falta más. Mi mujer y yo nos miramos, cogí a mi hijo y le di el beso más largo que pude, lo suficientemente largo para dar tiempo a que las lágrimas se secasen y no me viese llorar.

Este fue sin duda mi punto de inflexión, una mañana en familia, las palabras inocentes de un niño, y una hoja garabateada cambió mi vida. Iker me indicó la salida del laberinto en el que estaba metido y me señaló la nueva ruta que debía seguir a partir de aquel día.

* * *

Ya no me preocupo, solo me ocupo

Aquella mañana decidí convertirme en el protagonista de mi vida. No quería ser más tiempo víctima de las decisiones de los demás. Ser consciente de que no puedes hacer nada para cambiar aquello que no depende de ti, es el primer paso para comenzar a caminar de nuevo por la senda del empleo. Te han despedido, ya está, no hay marcha atrás y cuanto antes lo aceptes antes te pondrás a trabajar en lo que depende de ti.

En este libro solo voy a hablar de lo que está a tu alcance para cambiar lo antes posible tu situación de desempleo. Seguramente te presentes a puestos de trabajo y participes en procesos de selección donde te van a rechazar. No hay que preocuparse. A veces en la vida se gana y otras se aprende.

Debes mantener la tranquilidad si has hecho todo lo posible por mostrar tu mejor versión, y si no es así, aprender de los errores para que la próxima vez te vaya mejor. También hay que tener en cuenta que si no te dan el empleo tal vez sea porque hay otra persona que se ajusta más al perfil que está buscando la empresa o, simplemente, se ha leído este libro antes que tú.

Es importante diferenciar entre objetivos de resultado y objetivos de rendimiento. En los seminarios y talleres que imparto trabajamos con los segundos. Solo nos interesan los objetivos de rendimiento puesto que son aquellos que dependen directamente de nuestra persona. Se trata de objetivos marcados a corto plazo y que cuando conseguimos alcanzarlos, nos produce la satisfacción y la motivación necesaria para seguir trabajando en esa dirección. En este libro vamos a dar pequeños grandes pasos con el fin de lograr un objetivo final más ambicioso.

Mejorar tu currículum, establecer contactos en *LinkedIn* o preparar una entrevista de trabajo, son acciones que puedes empezar a hacer desde hoy porque dependen exclusivamente de ti. Nadie te asegura que con estas píldoras antidesempleo vayas a alcanzar ese objetivo más ambicioso que es encontrar un trabajo, pero no hay duda de que tus posibilidades van a aumentar considerablemente.

A la hora de establecer objetivos hay que tener en cuenta una serie de principios. Han de ser siempre lo más concretos posibles; que se puedan medir, ya que necesitamos evaluar si se han conseguido o no; alcanzables y realistas, nada de marcarse objetivos imposibles; y es importante que se logren en un tiempo definido.

Espero no decepcionarte y que no abandones la lectura en esta página, pero he de ser sincero. El objetivo real de este libro no es que encuentres un empleo, no, eso no depende al 100% de ti ni de mí. El verdadero objetivo de este libro es multiplicar tus oportunidades laborales, mejorar tu autoconocimiento y tu autoconfianza, ayudarte a desarrollar competencias necesarias en el mercado laboral actual, ofrecerte herramientas que aumenten tu empleabilidad y mostrarte nuevos caminos que te conduzcan a tus objetivos profesionales y seguramente que también personales.

Mi principal objetivo al finalizar el libro es conseguir convencerte para que decidas ser el protagonista principal de tu búsqueda de empleo y pases a la acción desde hoy mismo. Como la proactividad se demuestra andando, te traigo muchísimas herramientas para que te pongas manos a la obra en cuanto acabes de leerlo.

Es el momento de entrar en acción, de dejar de ser una víctima y de tomar las riendas de tu vida. A partir de ahora solo te vas a centrar en lo que depende de ti. Te vas a dejar de preocupar por aquello que no puedes cambiar y te vas a empezar a ocupar de lo que está a tu alcance.

Buscar empleo es un trabajo duro y a menudo desagradecido, que desgasta mucho y es por ello por lo que estas píldoras, testadas con éxito en diversos laboratorios de empleo, están elaboradas para mineralizarte y supervitaminarte.

* * *

Amplía tu círculo de influencia
Steve Covey en su libro "Los 7 hábitos de la gente altamente efectiva", habla del círculo de preocupación como aquel espacio donde convive todo aquello que nos preocupa y sobre lo que no tenemos margen de acción. Cuando estamos en desempleo, dedicamos mucho tiempo a pensar en asuntos que no somos capaces de cambiar, y esto nos resta energía y esfuerzo que podríamos destinar a trabajar en lo que depende de nuestras capacidades para volver al mercado laboral.

Buscar trabajo nos preocupa y a menudo no somos conscientes de que no depende solo de que nos esforcemos al máximo. Entran en juego variables como el hecho de que encontremos una oferta que se ajuste a nuestro perfil, que las personas que se presenten a la candidatura cuenten con competencias más ajustadas a lo que la empresa busca, y muchas otras que se escapan a nuestro control, y que aún así no dejan de preocuparnos. Cuanto más tiempo pasemos dentro de este círculo de preocupación mayor será nuestra frustración y nos veremos superados por esa sensación de perder el control de nuestra vida.

Dice Covey que lo que tenemos que hacer es dejar de preocuparnos y pasar a la acción para empezar a ocuparnos. La preocupación nos mantiene paralizados, lo que llaman "parálisis por análisis", en cambio cuando nos ponemos en modo activo y comenzamos a tomar las riendas para hacer todo aquello que depende de nuestra persona, es cuando entramos en el círculo de influencia.

Hay personas que adoptan una postura más reactiva y de víctima y se refugian en ese círculo de las preocupaciones, mientras que otras en cambio son más proactivas y asumen un rol protagonista y lo que hacen con sus acciones es ampliar el círculo de influencia. Y tú, ¿te ocupas o te preocupas?

Cuanto más amplíes tu círculo de influencia, más oportunidades tendrás de encontrar un empleo y, por supuesto, en mejores condiciones llegarás a ese momento. Debes trabajar y emplear tu esfuerzo en todo aquello que está a tu alcance. Pensar en positivo, mejorar tu currículum. Formarse o trabajar una presentación donde incluyas quién eres y qué aportas para comunicarlo de manera efectiva, solo depende de ti.

Explorando este círculo de influencia, vas a ir encontrando herramientas que te van a despejar el camino, te van a descubrir nuevas ofertas de empleo que antes estaban ocultas para ti y te van a ayudar a ser más fuerte, más rápido y más capaz en el momento en el que lleguen las oportunidades.

El tiempo que centramos en estas tareas sobre las que podemos actuar para buscar trabajo, nos transforman en personas proactivas y nos da un cierto poder sobre nuestra situación de desempleo. Al ser protagonistas empezamos a pensar que podemos influir para cambiar la situación en la que nos encontramos y vemos más clara la posibilidad de encontrar un empleo.

Pablo, ingeniero y algo menos de dos años en desempleo, venía de trabajar para varias empresas con cierta responsabilidad en diferentes países. En la primera ocasión en la que nos reunimos, ya me advirtió de que con él lo iba a tener muy complicado. Arrastraba un problema con los pies desde hacía tiempo, y en sus anteriores trabajos había sufrido mucho con el calzado de seguridad. Ocho horas con unas botas de punta de acero y sin una buena plantilla suponían un suplicio diario para Pablo. Cada vez que acudía a una entrevista de trabajo, en su cabeza no dejaba de rondar la idea de que sus pies no iban a aguantar. Al finalizar las entrevistas, en el turno de preguntas, siempre se interesaba por el tiempo que iba a tener que estar de pie, el material de seguridad que iba a utilizar, o la superficie de la fábrica. Le preocupaban tanto sus delicadas extremidades que él mismo se auto descartaba en las entrevistas. Nunca se había ocupado por buscar una solución tan sencilla como hacerse unas plantillas especiales.

¡Ponte las botas!
Aquí comienza tu camino hacia el empleo.

Parte 2.
Tratamiento en cuatros pasos: Camino hacia el empleo

PARTE 2.
TRATAMIENTO EN CUATRO PASOS: CAMINO HACIA EL EMPLEO

Cuando Beppo barría las calles, lo hacía despacio, pero con constancia. Mientras iba barriendo, con la calle sucia ante sí y limpia detrás de sí, se le iban ocurriendo multitud de pensamientos, que luego le explicaba a su amiga Momo:

—Ves, Momo —le decía, por ejemplo—, las cosas son así: a veces tienes ante ti una calle larguísima. Te parece terriblemente larga, que nunca crees que podrás acabarla.

Miró un rato en silencio a su alrededor; entonces siguió:

—Y entonces te empiezas a dar prisa. Cada vez que levantas la vista, ves que la calle no se hace más corta. Y te esfuerzas más todavía, empiezas a tener miedo, al final estás sin aliento. Y la calle sigue estando por delante. Así no se debe hacer.

Pensó durante un rato. Entonces siguió hablando:

—Nunca se ha de pensar en toda la calle de una vez, ¿entiendes? Sólo hay que pensar en el paso siguiente, en la siguiente barrida. Nunca nada más que el siguiente.

Volvió a callar y a reflexionar, antes de añadir:

—Entonces es divertido; eso es importante, porque entonces se hace bien la tarea. Y así ha de ser.

Después de una nueva y larga interrupción, siguió:

—De repente se da uno cuenta de que, paso a paso, se ha barrido toda la calle. Uno no se da cuenta cómo ha sido, y no se está sin aliento.

Asintió en silencio y dijo, poniendo punto final:

—Eso es importante.

No sé si has leído "Momo" de Michael Ende, si no es así te lo recomiendo. Pequeños grandes pasos hacia el empleo es lo que te propongo, para que cuando levantes la vista, tu objetivo profesional esté más cerca. Lo importante es no desesperar en la búsqueda, y aunque depende de la situación económica y de la urgencia de cada persona por encontrar un trabajo, debemos dedicar tiempo a cada uno de estos pasos. Trabajando cada día en esta búsqueda, poniendo en práctica las píldoras antidesempleo que aquí se recogen, seguro que cuando levantes la vista, habrás despejado ese camino que te lleva directo al empleo.

No puedes comenzar ningún tratamiento si no sabes qué te ocurre. El primer paso que te propongo para este viaje consiste en realizar un trabajo previo de diagnóstico con el fin de localizar qué tipo de dolencia padeces. Comenzaremos por la identificación de lo que te está pasando, ser consciente de en qué situación te encuentras, qué es lo que te preocupa y sobre todo cuáles son tus "dolores".

Serás tú quien, durante la lectura, elabore el diagnóstico. Diagnosticar no es más que dar nombre al sufrimiento del o la paciente, asignar una etiqueta. Esto es precisamente lo primero que hay que trabajar, debes ser consciente de cómo te sientes, de quién eres, qué necesitas y lo más importante, ponerles nombre a todas estas cosas.

A continuación, el segundo paso se centra en localizar con qué fuerzas cuentas para superar esta situación de desempleo. Mirarte al espejo para conocerte mejor y ser consciente de cuáles son tus competencias, habilidades y capacidades y, por supuesto, localizar qué es aquello que te debilita para ponerle remedio cuanto antes. En vez de debilidades me gusta llamarlas "áreas de mejora". Parece que si aquello que nos falta lo metemos en el cajón de las debilidades, se quedará ahí de por vida. Sin embargo, si hablamos de "áreas de mejora", estas palabras en sí mismas ya suponen un reto que debemos superar.

Una vez que hemos detectado con qué anticuerpos cuentas, a qué eres inmune y qué te debilita, es necesario que hagas balance de todo lo que estás haciendo hasta este momento para salir del desempleo, y evaluar qué resultados estás obteniendo con esas acciones.

El tercer paso después de establecer un diagnóstico correcto va a consistir en que tengas claro cuál es tu objetivo profesional y para ello vas a necesitar un plan, lo que llamo *Plan Estratégico de Empleabilidad*. Aquí vas a definir cuestiones tan importantes como cuáles son tus valores, tu visión, tu misión y tus objetivos. De esta forma tendrás una fotografía exacta de dónde te encuentras en este momento, hacia dónde quieres ir y cómo quieres estar. Visualizar tu objetivo profesional es básico para empezar a andar.

La situación de desempleo es una dolencia que afecta tanto a las emociones como a los pensamientos y a las conductas. Si no aplicamos la píldora que necesitamos para rebajar la ansiedad, puede generar una serie de pensamientos negativos que nos lleven a realizar conductas inadecuadas.

En muchas ocasiones sentimos el cansancio de enviar currículums y no recibir contestación, y esto nos genera ansiedad, hartazgo y desesperación. Vemos lejano e inalcanzable llegar a contactar con aquellas personas que nos pueden contratar y esto nos desanima. Una conducta correcta y que ayuda a rebajar estas emociones limitantes puede ser, por ejemplo, acudir a un foro de empleo y entrevistarte con empresas de tu sector. Esta acción te va a generar pensamientos positivos, ya no te va a parecer imposible e inalcanzable llegar a estas personas y a su vez te va a proporcionar la motivación y la confianza necesaria para creer que hay otras formas de acceder a un puesto de trabajo.

En el cuarto paso te hablo precisamente de esto, de acciones, de pensamientos y de conductas. Desde el comienzo del libro irás encontrando una serie de píldoras antidesempleo para que una vez hayas realizado tu diagnóstico, seas también tú quien se recete aquellas que crees que te van a funcionar. Cada persona necesita un tratamiento diferente y serás tú quien decida las píldoras que mejor te van a ir para lo que necesitas.

En este último paso del tratamiento, que lo he llamado "Píldoras para la comunic-acción", vas a comenzar por gestionar tu marca personal y profesional, y lo primero que vas a hacer es elaborar tu mensaje, una presentación para mostrar al mundo tu valor diferencial. Hay una frase del conferenciante y motivador de profesionales y equipos, Alfonso Alcántara, Yoriento, que dice: *"Marca personal es el perfume que usas, reputación online es el olor que dejas"*.

¿Tienes claro qué es lo que quieres comunicar para ser diferente y por lo tanto tu atractivo para las empresas? ¿Eres consciente del aroma que dejas a tu paso?

Una vez definido el mensaje, te ofrezco en el libro una gran variedad de píldoras que te permitirán concretar cómo quieres trasladarlo, y sobre todo dónde lo debes comunicar para que llegue a las personas que te pueden contratar. Es fundamental saber dónde poner el foco para que puedas llegar a las empresas que te interesan y que éstas se interesen por ti.

Encontrarás píldoras para un tratamiento elaborado con nuevas acciones que puedes llevar a cabo para mejorar tu empleabilidad. Se trata de consejos prácticos sobre cómo elaborar un currículum, qué tienes que comunicar en una entrevista de trabajo, cómo gestionar la marca personal, redes sociales, *Networking*, etc; y por supuesto, píldoras que te permitirán observar la realidad desde un punto de vista proactivo y optimista. Sin duda, al final del libro, va a mejorar tu actitud y por lo tanto tus resultados en la búsqueda de empleo.

Píldoras preparadas para tomarlas al momento. Cada una propone una acción con su propio objetivo de rendimiento, alcanzable, medible, realista y tú serás quien marque el tiempo para llevarla a cabo. Estoy seguro de que después del tratamiento, vas a encontrarte con salud y la fuerza necesaria para superar esa dolencia que te produce estar en desempleo y lanzarte al mercado laboral.

Las píldoras antidesempleo que te ofrezco en este frasco con forma de libro, están elaboradas no solo desde mi experiencia, sino desde la de todas aquellas personas, súper héroes y súper heroínas, que cumplidos los cuarenta, han sido capaces de reiniciar sus vidas y conseguir alcanzar sus objetivos.

COMIENZA TU DIAGNÓSTICO
Paso 1.

PASO 1.
COMIENZA TU DIAGNÓSTICO

A 15 minutos de Bilbao, en el municipio de Mungia, puedes encontrar la casa del Olentzero y de los seres mitológicos que lo acompañan. Supongo que sabes de quién hablo, el compañero de Papá Noel en el País Vasco. Izenabuba Basoa es el lugar donde puedes visitarlos. Esta palabra en euskera viene de la frase "Izena duen guztia, ba da", que si lo traducimos al castellano quiere decir "todo lo que tiene nombre, existe".

"No podemos ver aquello que no podemos nombrar". Sin querer entrar en detalle de lo que dice la ontología del lenguaje y en concreto de lo que nos habla el filósofo y escritor Humberto Maturana, esta frase coincide con lo que vamos a trabajar en este primer paso. Para saber en qué momento te encuentras, cómo te sientes y empezar a gestionarlo, es fundamental que identifiques esas emociones y las pongas nombre. Todo tratamiento comienza con un diagnóstico, es difícil dar una solución cuando no reconocemos el problema, y aquí vas a ser tú quien localice esas dolencias que impiden tu camino hacia el empleo.

Perder un trabajo no es ni mucho menos perder a un ser querido, pero también necesitamos un tiempo para aceptarlo y adaptarnos a la nueva situación. Al igual que sucede con el luto, podemos observar una serie de etapas por las que tenemos que pasar hasta que llegue ese momento. Entender cada una de estas fases y tomar conciencia de en cuál de ellas nos encontramos, es la primera píldora antidesempleo que debemos tomar.

La psiquiatra suizo-estadounidense especializada en los cuidados paliativos y en situaciones cercanas a la muerte, Elisabeth Kübler-Ross, después de trabajar muchos años con pacientes en estado terminal, desarrolló el famoso modelo de Kübler-Ross en el que establece cinco etapas de duelo: negación, ira, negociación, depresión y aceptación.

No hay duda, repasando cada una de ellas, de que estas fases del duelo se pueden extrapolar perfectamente a lo que sentimos cuando nos despiden de un trabajo o se nos acaba un contrato.

Cuando comienzo los proyectos con equipos de personas desempleadas, utilizo como indicador para saber en qué momento se encuentra cada participante, una serie de mapas de emociones que distribuyo por las paredes del espacio en el que trabajamos. La herramienta se llama "Universo de emociones" y lo puedes encontrar en Internet.

Aporta un mapa gráfico de cientos de emociones que han sido clasificadas e identificadas tras muchos estudios científicos realizados por personas expertas. Se trata de 307 emociones que toman como base la alegría, la ira, la felicidad, el miedo y la tristeza.

Cada día, al inicio de la sesión, las personas se acercan a esos mapas y con un rotulador, señalan en qué emoción se encuentran en ese momento. Partimos de que las emociones no son estáticas, sino dinámicas, y que tal vez a primera hora de la mañana alguien marca la emoción incertidumbre y, sin embargo, gracias a lo que hemos trabajado, al finalizar la sesión, esa persona decide señalar la emoción ilusión. Avanzamos de una emoción a otra continuamente, y conocer estos mapas, reconocer las emociones, nos ayuda a entender por qué nos sentimos así en cada momento, y sobre todo nos permite gestionar las emociones para que no sean ellas las que nos lleven. Esta sencilla dinámica, ofrece a las personas que están en desempleo, información sobre sí mismas y les permite tomar conciencia de en qué situación se encuentran.

Debemos señalar que no hay emociones negativas ni positivas. Todas las emociones cumplen su función y lo que tenemos que aprender es a reconocerlas y a gestionarlas. El miedo ha protegido al ser humano desde su origen. Sin ese miedo que nos apartaba del riesgo y nos empujaba a escondernos cuando aparecían los depredadores, hubiésemos desaparecido como especie hace miles de años. Gracias al asco, otra de las emociones que si habéis visto la película de Pixar "Inside Out" ("Del Revés") sabréis que es una de las básicas, seguimos vivos después de tanto tiempo. Nuestros antepasados no tenían la suerte de comprar comida envasada con conservantes y fecha de caducidad. Comían lo que encontraban por los bosques, y era el asco que sentían hacia ciertos alimentos dañinos, lo que les impedía llevárselo a la boca. La función del asco es protectora y además aquello que nos repele, perdura en la memoria.

Durante esta película de la que os hablo, la niña protagonista va mostrando qué papel desempeñan las emociones en nuestro día a día, y cómo cada una de ellas cumple una función básica y primordial en la vida de las personas.

El llamado "duelo post despido" tiene una duración que varía en cada persona y supone un proceso de adaptación emocional ante esa pérdida de empleo. Sin duda no superar las diferentes etapas o fases del duelo, va a ralentizar e impedir la búsqueda de un nuevo empleo. Un primer paso es el de tomar conciencia de la situación en la que te hayas y ponerle solución, una solución que dependa de ti.

Leerás a continuación una descripción de cada una de esas fases para que ayude a situarte y que te puedas reconocer en qué momento del luto te encuentras.

Hablar de "duelo post despido" puede carecer de sentido si estamos con personas jóvenes que apenas han trabajado. Por eso, esta primera parte del libro está pensada sobre todo para personas que han llegado a la cuarentena y que posiblemente hayan perdido su trabajo después de muchos años en la empresa.

Personalmente me veo en cada una de estas fotografías y recuerdo cada etapa tras mi despido. Normalmente suele haber un punto de inflexión o algo que activa el paso de una etapa a otra. En mi caso el catalizador que aceleró mi tránsito por las diferentes fases fue el apoyo, la compañía y la confianza de mi familia. Tengo la suerte de tener en casa a mi mayor fan, mi mujer, que nunca ha dejado de recordarme lo que valgo. Como al ciclista que sube un puerto de montaña, tener personas cerca que te animan, te da la energía necesaria para ir superando estas duras etapas.

Mi primer consejo es que compartas con aquellas personas que tienes a tu lado cómo te sientes, y no te encierres en tu dolor. La familia y las amistades te van a acompañar en este duelo y son quienes te van a ayudar a salir.

* * *

"¡No puede ser! ¡A mí no me puede estar pasando esto!"
Teresa llevaba más de veinte años trabajando en la misma empresa, de hecho, siempre ha trabajado en el mismo puesto, en la misma mesa y con las mismas compañeras. De pronto un día le comunican que, de las tres trabajadoras, la empresa ha decidido prescindir de una y que le ha tocado a ella por ser la que menos tiempo lleva. Teresa no reacciona, no se lo espera.

Los primeros días que acude al programa para personas desempleadas, lo hace sin haber madurado ni aceptado su actual situación. Escucha a sus compañeros y compañeras contar lo que están haciendo para buscar un empleo, pero ella calla, aún no se ha puesto a redactar ni un currículum. Pasan los días y sigue sin asumir su realidad. No es capaz de entender qué le ha ocurrido si hace solo unos días estaba feliz sentada en su oficina, cuadrando las cuentas junto a sus compañeras. Sigue hablando con ellas a diario, comentan chascarrillos de sus jefes, y cree seguir viviendo la misma realidad que vivía antes.

No es hasta que en una de esas reuniones con otras personas desempleadas decide abrirse y entre lágrimas comparte cómo se siente tras su despido. Al contar en primera persona y revivir cómo sucedió su salida de la empresa a otros compañeros y compañeras que se encuentran en su misma situación, es cuando empieza a ser consciente de que su anterior trabajo ha llegado a su fin.

Una actividad que realizamos para ayudar a superar esta fase consiste en escribir en un globo el nombre de la empresa, cogemos una aguja y lo explotamos.

Fin de la etapa de negación para Teresa.

En un primer momento, cuando nos comunican la noticia de un despido, no queremos aceptarlo, lo negamos. Sin duda esta reacción de no querer ver lo que nos está pasando, ayuda a amortiguar el golpe y a aplazar parte del dolor. De esta forma conseguimos que el cambio de estado de ánimo no sea tan brusco que nos pueda dañar más. Es necesario abandonar cuanto antes esta etapa puesto que tarde o temprano chocará con la realidad. Para superarla es necesario aumentar la comunicación con familiares, amistades y personas conocidas, verbalizar cómo nos sentimos, de manera que consigamos apoyo y otros puntos de vista que nos aporten algo de luz ante tanta oscuridad.

Para salir de este círculo de la negación, debes asumir y admitir que ya no trabajas en esa empresa, que te han despedido, ya que por muy duro que sea, es necesario aceptarlo para empezar a superar las diferentes etapas del duelo que tienes por delante.

Muchos rituales como son los funerales, las bodas o las despedidas de soltera o soltero, tienen la función de hacernos saber que una etapa ha llegado a su fin. El final de una vida o de una situación de soltería se hace patente con un ritual y se comparte con otras personas. Esto es lo que trabajamos en los programas de empleo para superar fases en el "duelo post despido".

Una de las primeras sorpresas agradables que me llevé cuando empecé a coordinar estos programas de empleo, fue la rapidez con la que las y los participantes iban superando estas fases cuando las compartían con personas que estaban o habían estado en su misma situación. Lejos de retroalimentarse en su dolor, las personas desempleadas se animaban unas a otras y comenzaban a ver la luz. Cuando te abres a personas que sufren lo mismo que tú, es más fácil, y además el consejo que te puedan dar, tiene la credibilidad de alguien que en algún momento ha estado en tu lugar.

* * *

"Mi jefe era un incompetente"
La siguiente etapa es la de la ira, otra de las emociones primarias que recoge el psicólogo y pionero en el estudio de las emociones, Paul Ekman. Junto a ésta, el miedo, la tristeza, la alegría, la sorpresa y el asco, completan las 6 emociones básicas prácticamente universales en todas las culturas.

Algunas personas se estancan en esta fase, viven en la rabia y el resentimiento continuo y no son capaces de pasar pantalla. Buscamos responsables o culpables, por supuesto siempre mirando hacia fuera, y este enfado que nos provoca la situación de desempleo lo volcamos normalmente en las personas que nos rodean. Como toda emoción, la ira también cumple su función. Nos dota de recursos para la autodefensa y el ataque, y ante un despido, es lógico que surjan estos sentimientos sobre todo si la situación de desempleo la percibimos como injusta.

La mayoría de los despidos, y sobre todo en momentos de crisis como la del 2008 o la del coronavirus, no se deben a que hayamos hecho mal nuestro trabajo o que no sirvamos ya para el puesto. La finalización de un contrato responde generalmente a factores externos, a la coyuntura económica, o como ahora se dice mucho, "extinción del contrato por causas objetivas". Utilizar este concepto de "causas objetivas" anula la posibilidad de encontrar culpables reales, de carne y hueso contra los que proyectar nuestra ira, y lo que hacemos es lanzarla en todas direcciones, incluso contra aquellas personas que nada tienen que ver y que tenemos cerca. Afrontamos nuestro presente anclados en el pasado, y ese resentimiento nos impide avanzar hacia el futuro y poner el foco en las oportunidades que nos pueden llegar.

En las entrevistas de trabajo se percibe este sentimiento negativo rápidamente en cuanto pides a candidatos y candidatas que hablen de su experiencia anterior y qué fue lo que les llevó al desempleo. Como veremos más adelante, es muy importante preparar bien la historia que contemos de nuestra vida para no transmitir dolor o rabia con nuestras palabras y poder demostrar que hemos superado esta etapa.

Pablo, a punto de cumplir 52 años, se presentó a un proceso de selección en el que mi compañera y yo teníamos que decidir si entraba a formar parte del equipo que estábamos formando. Para ello utilizamos una técnica muy común en la selección de personal (Entrevistas de Incidentes Críticos o BEI) donde gracias a una serie de preguntas dirigidas, los departamentos de selección se pueden hacer una idea de las competencias reales de las personas candidatas. En aquella entrevista grupal pedimos a cada persona que aspiraba a formar parte del proyecto, que describiese cómo había afrontado diferentes situaciones reales que les había tocado vivir en el pasado. De esta forma lo que teníamos era información de las competencias de las que disponían y cómo habían resuelto la situación, con el fin de predecir su futuro rendimiento en el equipo. Como no queríamos valorar solo el hecho sino también la actitud, les pedimos que verbalizaran los pensamientos y las emociones asociados a aquel momento. Para las personas que estábamos realizando las entrevistas, era muy importante observar el comportamiento, ya que una actitud positiva iba a favorecer su encaje en el equipo.

Una de las preguntas que planteamos en aquella reunión fue cómo habían aceptado su despido. Algunas de las personas comentaron que, al ser contratos de fin de obra o temporales, ya tenían desde la firma, asumido que el trabajo se acababa, y con más o menos pena, relataban y aceptaban que hoy en día el mercado laboral es así y ahí nada podemos hacer.

En cambio, Pablo, no pensaba igual. Comenzó echando la culpa de su despido tras 20 años en la misma empresa a la crisis. No había perdonado que después de tantos años ni el jefe hubiese dado la cara para notificarle el despido personalmente, lo hicieron por burofax. A medida que continuaba recordando el suceso, su rabia iba en aumento. Sus gestos y la expresión de la cara acompañaban a sus palabras que se volvieron más agresivas. Ira, hostilidad y agresividad al revivir su despido fue lo que transmitió en aquella entrevista.

Dawn Huebner define perfectamente las dos caras de la ira en la infancia y que se puede aplicar perfectamente a las personas adultas. Por un lado tenemos la parte positiva que "es la forma en que nuestro cuerpo nos pone en alerta ante los problemas. La ira nos estimula, dándonos la energía que necesitamos para arreglar lo que está mal". La misma autora nos habla también de la parte negativa, ya que la ira "puede hacerse demasiado grande y descontrolarse en un abrir y cerrar de ojos. Puede dirigirse mal o expresarse de forma perjudicial".

Esto es lo que le ocurrió a Pablo. Aquel momento seguramente supuso un desahogo, pero no era el lugar para ello y no fue capaz de controlar su estado emocional. Terminó cayendo en el mayor de los errores que podemos cometer en una entrevista de trabajo, hablar mal de antiguos jefes y compañeros, refiriéndose a ellos como "incompetentes, ingratos y desagradecidos" y acompañando estas palabras con gestos de enfado y rabia. Sin duda Pablo aún no había superado esta fase de ira y necesitaba tiempo y recursos para llegar a aceptar su situación.

Y tú, ¿la has aceptado ya? Si no es así, por lo menos prepara tu historia por si te preguntan por el despido. Trata de justificarlo con cambios en la estrategia de la empresa, con la conclusión del proyecto en el que estabas o que tu despido fue consecuencia de una reestructuración de la plantilla.

* * *

"Seguro que me vuelven a llamar"
¿No habéis tenido la esperanza de que en algún momento os llamen para volver a la empresa que os acaba de despedir?

Llegamos a una fase en la que fantaseamos con la idea de que lo que nos está pasando se puede cambiar, y nos planteamos preguntas como: "¿Qué habría pasado si? ¿Y si hubiera hecho esto otro?". Se trata de la fase de negociación y que de algún modo ofrece la fantasía de estar en control de la situación. La angustia y el dolor lo aliviamos imaginando que retrocedemos en el tiempo y que nuestro despido no se ha producido.

Es importante pasar de pantalla rápidamente porque estos pensamientos no encajan con la realidad y sin duda en este estadio, nunca vamos a encontrar soluciones reales.

Suele ser una de las etapas más breves y el último esfuerzo para mitigar el dolor tomando contacto con la realidad que estamos viviendo. Para superar este momento están muy bien los programas de empleo como las lanzaderas donde podemos conectar con personas que están en la misma situación y establecer rutinas que ocupen nuestro tiempo en el presente.

Desde el inicio del programa nos marcamos un horario y una asistencia obligatoria tanto a sesiones grupales como individuales. tres o cuatro días a la semana, tres o cuatro horas cada día, acudimos a un espacio donde trabajamos diferentes aspectos relacionados con la empleabilidad.

Aurelio, uno de los participantes de estos programas de empleo, llevaba un año sin trabajar. A punto de cumplir los cincuenta y después de casi veinte años trabajando en el departamento comercial para una televisión autonómica, se quedó en la calle. Apasionado del cine y la lectura, pasaba los días en casa consumiendo libros y películas sin establecer ningún tipo de rutina ni horarios. Se levantaba tarde, y no fue hasta su entrada en el Programa Lanzaderas, cuando empezó a madrugar. En nuestra primera reunión individual, recuerdo que lo primero que me dijo fue:

Gracias José. No sabes lo importante que es para mí tener un motivo cada mañana para madrugar. Llevo casi un año sin horarios, levantándome sin ningún aliciente, y aunque es duro poner el despertador después de un año, veo que merece la pena.

Este fue el comienzo del camino hacia el empleo para Aurelio al igual que para otros muchos participantes. Solo necesitaba un motivo para empezar a andar, algo que le estimulase a gestionar su tiempo de una manera ordenada y con sentido. Solo con madrugar, arreglarse y acudir al espacio donde cada mañana nos reuníamos, comenzó su cambio de actitud. Compartir un lugar con personas que se encuentran en la misma situación, donde poder trabajar buscando un empleo y establecer contactos, es fundamental para superar esta fase.

Es necesario ocupar este tiempo de parón profesional con proyectos para mejorar la empleabilidad, cursos de formación para reciclaje o nuevos aprendizajes, acudir a foros de empleo o eventos de nuestro sector, ya que nos permite de alguna forma volver a conectar con el mercado laboral.

Si queremos superar esta fase, debemos empezar por establecer nuevos horarios y rutinas diarias. Estructurar nuestro tiempo y llenarlo con actividades que nos aporten formación, u otras como hacer deporte, estar con la familia o con amistades, no todo tiene que ser trabajar, nos va a devolver el equilibrio emocional que necesitamos. Por supuesto que también es un buen momento para hacer aquello que cuando estamos trabajando no encontramos tiempo.

Cuando escribo estas líneas, estoy en semi-desempleo, solo trabajo media jornada. Es verano y sin embargo me despierto a las 6.30 de la mañana. Aprovecho para acercar a mi mujer a trabajar, vuelvo a casa y hago un par de colaboraciones que me llevan tres horas. A continuación, cojo la bici y recorro los kilómetros que, a diario, por mi trabajo, no puedo hacer. Hago comidas, disfruto de mi hijo, vamos a la playa y lo más importante, tengo tiempo para escribir el libro que estás leyendo.

La píldora que te propongo, llegado a este punto, es simplemente que hagas una lista de cosas que puedes y te apetece hacer ahora. Establece un horario y comprométete a realizarlas.

Dedica un par de horas en ese calendario diario a tu búsqueda de empleo, dos horas donde puedes empezar a trabajar todas las píldoras antidesempleo que te propongo en este libro, desde diseñar o mejorar tu currículum, descubrir tus puntos fuertes y tus áreas de mejora o gestionar tu marca personal y profesional *online* y *offline*.

Al principio te va a costar porque establecer una rutina te devuelve a la realidad del día a día, pero ya verás como pronto empiezas a llenar tu calendario de actividades que te van a ayudar a superar el duelo y, lo más importante, a multiplicar tus oportunidades de encontrar un empleo.

* * *

"Nadie me quiere"

Volver a tocar tierra, dejar de soñar y fantasear nos devuelve al presente, a nuestra realidad y es ahí cuando nos inunda una profunda sensación de vacío que nos traslada a la etapa de depresión. Nos acechan pensamientos negativos, emociones de tristeza, amargura, desconsuelo, desgana y pena que provocan alteraciones del sueño, descuidando la alimentación y la higiene, y se posa sobre nuestras cabezas un nubarrón negro que nos acompaña allí donde vamos. Lo normal al perder un empleo es sentirse triste, y es precisamente esa emoción la encargada de activar un proceso psicológico que ayuda a superar estas situaciones. Digamos que la tristeza actúa como un bálsamo que alivia las cicatrices producidas por una pérdida.

En esta fase nos aislamos para gestionar mejor la emoción y generamos pensamientos alternativos sobre la situación traumática que sufrimos para que encaje en nuestra vida. Reorganizamos las conductas para adaptarnos a la nueva realidad y es cuando comienza el proceso de aceptación de una situación que nos hace daño. Estar triste no es signo de debilidad, debemos permitirnos estar tristes y buscar alternativas para cambiar esa situación que nos genera tristeza.

Cuando entrevisto a personas desempleadas no tardo en percibir cuándo se encuentran en esta fase. En el momento en el que preguntas cómo ven la situación actual y sus oportunidades laborales, solo se centran en aspectos negativos como que "la economía está muy mal", "como tengo más de cuarenta y cinco años ya no me cogen", o que "los sueldos que pagan son una miseria y se quieren aprovechar de nuestro trabajo".

Lo ven todo negro, y lo peor de todo es que las personas que tienen enfrente lo que ven oscuro es esa nube negra sobre sus cabezas, trasladando una sensación muy negativa. No olvidemos que nadie va a contratar a un pesimista, a una persona abonada a la queja y que puede intoxicar al resto del equipo. Es preferible superar esta etapa antes de acudir a cualquier entrevista de trabajo o participar en un proceso de selección.

Cuando estamos deprimidas o deprimidos tras un despido, nuestra autoestima está por los suelos y tendemos a lanzarnos cual dardos envenenados, pensamientos negativos que sin duda nos limitan. Debemos superar esas creencias limitantes y contrastar si esas generalizaciones que nos repetimos como "mi sector no contrata a nadie", "no me cogen porque soy mayor" o "nadie me quiere", se corresponden con la realidad o se trata de sensaciones abstractas. Podemos entrar en un círculo vicioso y sin fin donde un pensamiento negativo nos lleva a una emoción mal gestionada y a su vez ésta a más pensamientos destructivos.

Recuerdo una entrevista grupal donde tres mujeres de diferentes edades trataban de justificar su situación de desempleo. Berta, la más joven del equipo, estaba convencida de que no le daban su primera oportunidad laboral porque carecía de experiencia, y este pensamiento frenaba su ilusión por encontrar un empleo. A continuación, habló Blanca. Ella "sabía" que no la contrataban en ningún sitio porque en el momento que le preguntaban por sus años, automáticamente la persona reclutadora pensaba que alguien en edad de ser madre no convenía a la empresa. Con una leve sonrisa inició su explicación Rocío que a sus cincuenta años y tras una larga trayectoria en una empresa muy conocida, declaró convencida que la razón por la que no superaba las entrevistas, era su edad.

Berta, Blanca y Rocío, acudían a las entrevistas de trabajo sin esperanza alguna, porque esos pensamientos estaban presentes en cada una de las preguntas que les hacían. Las tres ideas limitantes condicionaban sus respuestas y cuando se presentaban a las entrevistas, creyendo que no tenían posibilidades de quedarse con el puesto, la falta de motivación se percibía.

Las tres tenían sus razones para creer cuál era la causa por la que se encontraban en desempleo, sin embargo, al escuchar los tres testimonios seguidos, lo único que les planteé para que reflexionaran y dudaran de sus creencias fue la siguiente pregunta:

—¿No creéis que, si las tres tuvierais razón, en este momento no estaría trabajando ninguna mujer de este país?

Entre las tres cubrían todo el espectro de edad posible para trabajar, y si todas las personas que se dedican a la selección tuvieran presentes en su elección esas tres condiciones excluyentes, ninguna mujer en edad de trabajar lo estaría haciendo en estos momentos. Es cierto que hay empresas que buscan personas jóvenes, pero también hay otras que valoran la experiencia, al mismo tiempo que también es cierto que hay quienes no quieren incluir en sus plantillas mujeres en edad de tener hijos, pero sin embargo otras solo valoran que seas la mejor propuesta al margen de tu situación familiar. No podemos permitir que esos pensamientos nos limiten, bajen nuestra autoestima y frenen nuestra búsqueda de empleo. Blanca es una de las tres mujeres de las que os acabo de hablar. Mientras escribía este libro me mandó un mensaje para comunicarme que iba a ser madre y quiso compartir estas palabras:

"Quería contarte que estoy embarazada. Esperamos una niña para octubre. Se va a llamar Haizene.

Cuando nos conocimos me parecía casi un imposible encontrar trabajo siendo mujer, de 38 años y con una boda por el medio. Era una idea limitante que no podía quitarme de la cabeza y a cada entrevista que hacía y me preguntaban si tenía hijos o si pensaba tenerlos, más marcada a fuego se quedaba esa idea en mi cabeza.

Pero, ¡mírame ahora! ¡Un año y medio después de empezar a trabajar estoy casada y a punto de tener una hija! Y por parte de la empresa han sido todo facilidades: teletrabajo, horario flexible... Esperemos que esta crisis sanitaria no nos haga cerrar porque creo que por fin he encontrado mi sitio.

Sigo creyendo que ser mujer en edad fértil y sin hijos es un problema a la hora de pasar entrevistas. Y lo seguirá siendo mientras la conciliación y la flexibilidad no sean una realidad mayoritaria en las empresas de este país. Pero ahora sé que no es imposible hacerse un hueco, sé que, aunque sean una minoría, existen personas que en una entrevista saben ver más allá de las circunstancias personales. Pueden ver las cualidades y las ganas del candidato, ¡su profesionalidad!"

* * *

¿Tus creencias te limitan o te potencian?
Recuerdo la conversación con un participante del programa de empleo en una sesión individual. Ingeniero especializado en automoción, con experiencia demostrada en ingeniería de producto, profesor en uno de los colegios con más prestigio de su provincia y técnico de laboratorio en una empresa muy importante. Aún con todo esto, llevaba más de un año en desempleo. En su currículum incluía dominio de inglés, alemán e italiano, y competencias como visión analítica, trabajo en equipo, compromiso y gran capacidad de aprendizaje, y yo, que trabajé con él, lo confirmo. Sin embargo, seguía en desempleo.

Cuando nos sentamos, enseguida vi el nubarrón que llevaba sobre su cabeza. Su forma de hablar, las palabras que utilizaba y sus gestos, transmitían tristeza y olían a derrotismo. Como si hubiese tirado la toalla. La conversación transcurría y a medida que mis preguntas se dirigían hacia su lado más personal, él adoptaba una actitud defensiva, estaba claro que no me lo iba a poner fácil. Lejos de sentirse orgulloso por todo lo que había demostrado en su trayectoria profesional, su carrera, su experiencia y sus conocimientos, pesaban como una losa sobre sus hombros.

—Tú no sabes lo que es que todo el mundo te mire con pena y te diga que no entiende que un ingeniero listo como tú esté en el paro —me dijo enfadado para salir de donde le estaban llevando mis preguntas.

Aquí fue cuando le dije:

—¡Qué mala leche tiene tu madre que te dice esas cosas!

—No, si mi madre no ha sido —contestó.

—¡Pues vaya hermana lo que te dice! Podía ser más delicada sabiendo cómo estás —insistí.

—¿Mi hermana? Cómo me va a decir eso mi hermana —me respondió enfadado.

Fue entonces cuando le dije que lo que tenía que hacer era cambiar de amistades y de conocidos porque lo único que le estaban haciendo era daño con esas palabras. Se me quedó mirando y me dijo:

—Mis amigos no se atreverían a decirme eso después de saber cómo me quedé cuando me despidieron.

—¿Quién te dice entonces que no entiende cómo un ingeniero listo como tú no encuentre trabajo? —pregunté—. Eres tú la única persona que en su cabeza se castiga continuamente con esa creencia —le dije mientras él, con cara de asombro, asentía.

En aquel momento fue consciente de que esa idea que tenía de sí mismo solo era fruto de su mente. Una creencia que le estaba limitando en su búsqueda de empleo, y lo debilitaba. Intenté hacer ver que en vez de sentirse defraudado y abatido, tenía que mostrar con orgullo sus competencias, conocimientos y logros, y de esa forma conseguiría despejar esas nubes negras que llevaban un tiempo posadas en su cabeza. Cuando comenzó a transformar esa creencia limitadora en una potenciadora, su actitud cambió.

* * *

Aceptar te ayuda a avanzar

Y por fin llegamos a la última etapa desde la que podremos empezar a despegar, la aceptación. Es el momento de coger las riendas de tu destino asumiendo la nueva situación. Olvida el pasado, céntrate en el presente y pon el foco en hacer todo aquello que depende de ti para mejorar la empleabilidad y que se multipliquen así las oportunidades de encontrar un trabajo en el futuro.

Ante un despido, la magnitud de los sentimientos y las emociones que surgen suelen ser directamente proporcionales al tiempo que llevamos trabajando, por lo que cuantos más años llevemos en la empresa, llegar a la aceptación será un proceso más largo y costoso. Ante esta situación, puedes tomar dos caminos diferentes.

La opción A es quedarte en el rechazo, te opones a lo que te está ocurriendo y permites o bien que el resentimiento y el rencor se apoderen de ti, u optas por no hacer nada, lo que te va a generar resignación y frustración.

Si te anclas en el resentimiento correrás el riesgo de quedar atrapado en el pasado, y esto te va a impedir que aceptes el presente y la realidad que te toca vivir.

Para avanzar y tomar decisiones que te ayuden a encontrar un empleo, tienes la opción B. Está en tus manos adoptar una actitud positiva aceptando tu despido y tu situación de persona en desempleo, propiciando la paz y la tranquilidad que necesitas para comenzar a marcar nuevas metas y objetivos con ambición y entusiasmo.

Es muy importante aprender a aceptar situaciones cuyo desenlace no depende de ti ni lo puedes cambiar. Si te han despedido de una empresa o ha finalizado tu contrato, poco podrás hacer para recuperarlo puesto que ha sido una decisión tomada por otras personas. Sin embargo, sí que depende de ti aceptar la situación y ponerte manos a la obra para conseguir un nuevo empleo. Quedarte en un estado de enfado permanente te va a restar mucha energía que vas a necesitar para trabajar en tu búsqueda.

Hablar de aceptación no significa resignarse a vivir lo que nos toca, puesto que la resignación siempre acaba convirtiéndose en resentimiento. Resignarse es sentirse impotente ante una situación, creer que no puedes hacer nada para evitarla, y sentir que eres una víctima.

Aceptar nos da el poder para coger las riendas de nuestra vida y dejar de ser el resultado de las decisiones tomadas por otras personas. Esto se consigue diferenciando lo que depende de ti de aquello que no puedes cambiar.

Aceptarse, la aceptación a los y las demás y la aceptación de la realidad que te toca vivir en ese momento, te va a rescatar del pasado. Si te quedas sin superar la fase anterior y no alcanzas la última etapa del camino, no llegarás jamás a vivir el momento presente, y es precisamente aquí y ahora donde podrás trabajar para alcanzar tus objetivos, entre ellos, conseguir un empleo.

Esta última fase es sin duda la más importante y la que cierra el ciclo del duelo. Te va a permitir aceptar la realidad: te han despedido y no está en tus manos impedirlo, aunque sí depende de tu voluntad trabajar para volver al mercado laboral.

> ¿Qué tienes que hacer para avanzar y alcanzar la situación que deseas?

> ¿Qué acciones tienes que realizar para salir del desempleo?

PÍLDORAS ANTIDESEMPLEO QUE AYUDAN A SUPERAR UN DESPIDO

PRIMERA PÍLDORA.
Como decía al principio, lo más importante para ir superando cada una de estas fases es, sin duda, comenzar por reconocer las emociones y poner nombre a lo que sientes. Con un mapa de emociones puedes señalar cada día en qué momento estás, cuáles son tus sentimientos. En el libro "Universo de emociones" de Eduard Punset, Rafael Bisquerra y PalauGea, puedes encontrar las 307 emociones de las que hemos hablado antes. Si localizas esas sensaciones asociadas a tu situación de desempleo, sabrás en qué momento del luto te encuentras y lo que tienes que ir haciendo para superar las etapas y "pasar pantalla". Un buen ejercicio es realizar un listado de las principales emociones que experimentas en el día a día y situarlas en el mapa que puedes encontrar en el siguiente enlace:

https://universodeemociones.com/

SEGUNDA PÍLDORA.
Una vez que hayas localizado esas emociones que te atrapan y les hayas puesto nombre, vamos a entenderlas y así poder gestionarlas para que no sean ellas las que dominen tus actos. Se trata de reconocer cuándo y por qué te atrapa la tristeza o el enfado, o sientes miedo, pánico o el temor se apodera de ti.

    Diego sentía angustia como consecuencia de su situación de desempleo. Iba a ser padre, no tenía trabajo y la presión le quitaba el sueño. Para que la angustia no le dominara le propuse un ejercicio muy sencillo del experto en inteligencia emocional Llios Kotsou. Lo invité a que pensara en esa situación concreta que le generaba angustia y le dije que reflexionara sobre 5 cuestiones:

        1.- ¿Qué sensaciones físicas te genera? ¿Qué experimenta tu cuerpo?

2.- ¿Qué pensamientos te vienen a la cabeza?
3.- ¿Qué te impulsa a hacer?
4.- ¿Qué refleja tu cara?
5.- ¿Qué emociones sientes?

Descomponer la emoción y pensar en ella, nos va a dar la posibilidad de razonar por qué y en qué circunstancias se da, de tal manera que puedo llegar a controlarla y minimizar su alcance.

TERCERA PÍLDORA.

Como parece que esto va de mapas, una herramienta que se utiliza en el mundo del emprendimiento y de la empresa para entender mejor a la clientela o al público objetivo es el Mapa de Empatía. Podemos trasladar y aplicar esta herramienta para entender mejor nuestra situación y ayudar a verbalizar cómo vivimos el desempleo.

Para ello debes hacer una reflexión sobre cuatro aspectos:

Primero tienes que describir "lo que piensas", lo que te viene a la cabeza por ejemplo cuando te metes en la cama y le das vueltas a tu situación, tus preocupaciones, inquietudes y aspiraciones. A continuación, se trata de que escribas "lo que ves", cómo percibes el mercado laboral, las ofertas que hay para ti, etc. El siguiente paso consiste en describir "lo que oyes" a tu alrededor, qué dicen en los medios o las personas influyentes con respecto al desempleo, a las oportunidades de encontrar trabajo, etc. Y por último "lo que dices y haces", cuál es tu comportamiento, qué acciones realizas en tu día a día.

CUARTA PÍLDORA.

Después de lo que has leído, describe en qué etapa te encuentras, verbalízalo y haz un listado de aquello que crees que depende de ti y lo que no para salir de esta situación. Háblalo con alguien con quien tengas confianza y reflexiona sobre la siguiente pregunta:

> ¿Qué te falta para cambiar de etapa
> y tomar las riendas de tu vida?

QUINTA PÍLDORA.

Como última tarea, te invito a hacer un listado de todas las razones que en tu opinión impiden tu acceso al mercado laboral. Se trata de identificar aquellas creencias limitantes y dedicar un momento a reflexionar sobre ellas.

Una vez localizadas, hazte las siguientes preguntas y escríbelas en una hoja:

1.- ¿Qué pensamiento está bloqueando mi acceso a un empleo?
2.- ¿Cómo me siento cuando pienso en ello? ¿Me limita? ¿Me causa miedo o frustración?
3.- ¿Qué me aporta y qué resta este pensamiento para que encuentre un trabajo?
4.- ¿Es real o imaginario? ¿Qué pruebas tengo de que esa creencia es real?
5.- ¿Cómo sería tu búsqueda de empleo sin esa creencia?

Y por último trata de convertir esa creencia limitadora en una potenciadora escribiéndola desde una perspectiva positiva. Una vez transformada, interiorízala y reflexiona sobre lo que tienes que hacer ahora para empezar este nuevo objetivo. Recuerda como nuestro ingeniero del que "nadie" entendía que estuviese en desempleo, consiguió convertir su creencia limitante en una fortaleza.

MIDE TUS FUERZAS
Paso 2.

PASO 2.
MIDE TUS FUERZAS

Cuando Pedro acudió a su primera entrevista de trabajo después de mucho tiempo, hubo una pregunta con la que no contaba y que, por supuesto, no había preparado. Al salir supo que lo iban a descartar por no haber sido capaz de contestar.

Le preguntaron nada más y nada menos por sus fortalezas y por sus debilidades. Pedro se quedó en blanco, no supo qué responder.

Lo que Pedro no sabía era que, si una persona que está reclutando te hace esta pregunta, más que valorar las fortalezas o debilidades que tú le digas, lo que está midiendo es tu grado de autoconocimiento. En esto consiste el segundo paso que vas a dar en tu camino hacia el empleo: reconocer tu valor diferencial, tus destrezas y habilidades, saber de qué manera puedes utilizar tus competencias para multiplicar las oportunidades, y localizar cuáles son esas áreas de mejora que pueden ser un freno en tu búsqueda.

Si nos preguntan por nuestras debilidades en una entrevista de trabajo, tenemos que demostrar que nos conocemos bien, y que hemos realizado ese trabajo previo. El truco está en llevar preparada la respuesta, que nuestra debilidad no sea muy grave y, siempre insistir, en que estás en área de mejora. Es común tener miedo a mostrar los puntos débiles y creemos que en una entrevista de trabajo no nos van a seleccionar si no somos perfectos. El ser humano es imperfecto y presentar con honradez aquello que necesitamos mejorar, insisto, siempre y cuando no sea muy grave, nos va a mostrar vulnerables y más humanos. Como en las mejores historias, donde la persona protagonista muestra en algún momento vulnerabilidad y debilidad; expresar tus emociones y tus áreas de mejora es una fortaleza que genera credibilidad y confianza. Los errores o lo que algunos llaman fracasos, ayudan a humanizarte.

Existe un arte ancestral japonés que consiste en reparar fracturas en la cerámica con barniz o resina espolvoreada con oro, el *Kintsugi*. Esta filosofía oriental, bastante alejada de la forma en la que normalmente tratamos los objetos rotos, no solo los repara, sino que hace brillar las grietas. Plantean con esta técnica que las roturas y reparaciones forman parte de la propia historia de los objetos y, a diferencia de lo que algunas personas creen, deben mostrarse al mundo en lugar de ocultarse.

Esto es algo que trabajamos en los programas de empleo con personas que llegan totalmente rotas después de muchos años sin trabajar. En este acompañamiento tratamos de recomponer y recuperar su autoestima, sus competencias, unirlas de nuevo, tratando de dar la vuelta a sus debilidades, convertirlas en áreas de mejora y posteriormente en fortalezas. ¡Así que ya es hora de que empieces a sacar brillo a tus cicatrices!

Siempre he tenido mi propio sentido del orden, y aunque para mí no ha supuesto un gran problema, sí lo ha sido en ocasiones para la gente que me rodea. Si a esto le sumamos mi mala memoria, el problema se complica. Desde hace años siempre me acompaño de una agenda donde anoto absolutamente todo, desde citas, reuniones o pensamientos, y gracias a esas anotaciones, consigo mejorar mis dos debilidades.

No debes tener miedo nunca a mostrar las tuyas, hacerlo demuestra además tener confianza en uno o en una misma.

He empezado hablando de las áreas de mejora, pero lo que tiene que brillar en una entrevista de trabajo, en un currículum o en una presentación, han de ser tus fortalezas. Parece que nos sentimos bien hablando de todo lo que tenemos que mejorar, y no nos sentimos tan cómodos enumerando nuestras virtudes y en lo que somos buenos. Error. Siempre y cuando todo lo positivo que puedas decir de ti sea verdad, ¿por qué avergonzarse de ello? Tendemos a la autocrítica, hacemos hincapié en las dificultades, y lo que tenemos que resaltar, en cambio, son nuestras potencialidades y, sobre todo, aquello que nos motiva. Tal vez nos han insistido siempre en mejorar aquello que no se nos da bien, en vez de posicionarnos en los puntos fuertes que nos van a hacer brillar.

A Carlos le costaba mucho hablar de sí mismo y reconocer las cosas importantes que había conseguido a lo largo de su vida. Cuando simulamos una entrevista de trabajo como parte de las actividades desarrolladas en los programas de empleo, lo primero que detectamos fue una gran falta de confianza en sus fortalezas. Dedicó más minutos a contar aquello de lo que carecía que a reforzar los aspectos positivos de su profesionalidad. No olvidemos que a la empresa lo que le interesa es que cuentes qué vas a hacer por ella y qué problemas vas a solucionar. Si no sacas a relucir tus competencias y tus fortalezas, nadie va a saber de qué eres capaz. Cuando llevábamos casi veinte minutos de simulacro, uno de sus compañeros, que le había buscado en Internet, le preguntó por una serie de esculturas que el artista tenía desde hacía años en las calles de una localidad y que eran muy conocidas. Carlos es escultor, el puesto de trabajo al que optaba era para crear figuras, y, sin embargo, no pensaba contar que dos de sus obras llevaban años a la vista de miles de personas cada día. Sin duda no se había detenido nunca a hacer recuento de sus logros y por ello no los tenía presentes en aquel momento.

Debes dedicar tiempo a localizar lo que te caracteriza y te convierte en una persona única, aquellas fortalezas que son diferenciales, es decir, destrezas, conocimientos y habilidades con las que cuentas y que van a aportar beneficios a la empresa que te contrate. Muchas veces pensamos que lo que sabemos hacer es algo normal porque llevamos toda la vida haciéndolo y que no es digno de resaltar, pero ¿por qué no dejamos que sean otras personas quienes lo juzguen?

No olvides acompañar tus competencias con ejemplos que demuestran lo que dices y, para ello, es necesario tener frescos los logros que has cosechado en tu vida profesional y personal. Las redes sociales son escenarios perfectos donde mostrar lo que eres capaz de hacer.

Esti entró en la lanzadera de empleo con muchas inseguridades y una gran falta de confianza. Las dudas sobre su valía eran el freno que le impedían tomar decisiones y, por lo tanto, estaba perdiendo oportunidades profesionales. Trabajar sus fortalezas y ser consciente de todo su potencial ayudó a vencer sus miedos y a ver muchas posibilidades de trabajo a su alcance. Entre otras cosas se dio cuenta en este proceso de autoconocimiento de que había unas herramientas digitales que podía aprender y que le iban a abrir muchas puertas. Durante el confinamiento del Covid dedicó tiempo a formarse y, tal es su confianza en lo que sabe hacer, que hoy en día puedes ver sus videos en diferentes redes sociales donde, gracias a sus conocimientos, ofrece consejos para que las personas se sientan mejor físicamente y más saludables. La puedes encontrar en sus perfiles de *LinkedIn* o en *Instagram* (@estipsgarcia).

* * *

Comienza con tu **DAFO** personal

Una de las herramientas que va a aportar mucha información para tu autoconocimiento es el Análisis DAFO Personal. Muy utilizado en el ámbito empresarial, aquí lo vas a aplicar para conocerte mejor. Pero, ¿en qué consiste? Esta herramienta contempla cuatro variables cuyas iniciales se corresponden con las cuatro letras de la palabra DAFO, Debilidades, Amenazas, Fortalezas y Oportunidades. Se utiliza en el mundo de la empresa para analizar los factores que influyen en un proyecto, en un producto o en la actividad empresarial, con el fin de obtener la información que se necesita para elaborar un plan estratégico que ayude a mejorar. Y te preguntarás ¿cómo puedo aplicarlo para encontrar trabajo?

El DAFO personal es muy efectivo para analizar y evaluar la situación en la que te encuentras, con qué puedes contar, marcar las líneas a seguir y cambiar lo que necesites para conseguir tus metas profesionales. Si estás en desempleo, pretendes cambiar de trabajo, incorporarte al mercado laboral por primera vez o después de mucho tiempo, esta herramienta es la que necesitas para reconocer en qué aspectos destacas, cuáles tienes que potenciar para diferenciarte y localizar lo que tienes que mejorar.

Dos de las variables, fortalezas y debilidades, son internas y se centran en el análisis de uno mismo, mientras que amenazas y oportunidades hacen referencia a factores externos y nos dan una visión global del entorno.

Te propongo que cojas papel y boli, hagas cuatro apartados y comiences a responder a las preguntas que te planteo con cada variable.

Debilidades. ¿En qué tienes que mejorar? ¿Qué te falta para cumplir con los requisitos del empleo ofertado? ¿Cuentas con los conocimientos que precisa el puesto? ¿Qué piden las empresas de tu sector que no tengas? ¿Qué actitudes o comportamientos te impiden alcanzar tus objetivos profesionales?

A Esti le faltaban competencias digitales, a Ignacio creer más en su potencial, a Paula calmarse, escuchar antes de hablar y mejorar su comunicación, Silvia, que quería ser profesora de infantil, sabía que los idiomas eran su debilidad y Carmen no era capaz de coger el coche ¿y tú? ¿ya sabes cuáles son tus áreas de mejora? Comienza a corregir estas debilidades aprovechando las oportunidades laborales que detectes.

Fortalezas. ¿En qué destacas? ¿Cuáles son tus puntos fuertes? ¿Qué te hace diferente? ¿Qué puedes aportar mejor que los demás? ¿Qué eres capaz de hacer? ¿Cuáles son tus habilidades y conocimientos más importantes para desempeñar el trabajo? ¿Qué competencias te caracterizan? ¿Qué actividades realizas mejor?

Seguro que no has parado a analizar todo lo que eres capaz de hacer y por ello nunca has puesto en valor aspectos que te pueden diferenciar con respecto a otros candidatos o candidatas. Isabel con catorce años de experiencia en departamentos de logística en el sector del transporte y con varios idiomas, tiene un currículum brillante. Sin embargo, no había una competencia, una formación o una característica que la diferenciara del resto de personas que participaban en los procesos de selección. Cuando Isabel comenzó a realizar su DAFO personal rescató una titulación que hasta el momento no le había dado la importancia que se merecía, contaba con una Capacitación profesional de Transporte de Mercancías otorgada por el Ministerio de Fomento. Cuando le pregunté en qué consistía ese título y me explicó que era bastante complicado de obtener y que las empresas de su sector le daban mucha importancia, fue cuando encontramos la gran fortaleza que le iba a diferenciar. Además de experiencia en el sector a nivel nacional e internacional en grandes compañías, dominio de varios idiomas y formación específica en logística; Isabel aportaba una titulación muy valiosa y que pocas personas que se presentaban a esas ofertas poseían. Había encontrado su valor diferencial.

Aquí la acción consiste en explotar tus fortalezas aprovechando las oportunidades que localizas al analizar el entorno laboral, y las tienes que hacer visibles en tu currículum, en el mensaje cuando hablas de ti, y por supuesto en una entrevista de trabajo.

Amenazas. ¿Hay algún factor externo que no depende de ti y te dificulta encontrar un empleo? ¿Qué tiene tu competencia que tú no tengas cuando optas a un trabajo? ¿Cómo está la situación laboral actual? ¿Y tu sector? ¿Los empleos a los que optas exigen competencias digitales? ¿Sabes qué formación específica requieren los trabajos a los que te presentas? ¿Ha cambiado tu sector en cuanto a tipo de demanda, exigencia tecnológica o forma de trabajar? ¿Hay inestabilidad en tu área? Toda esta información la puedes obtener buscando en internet, en blogs especializados de tu sector, en noticias de los medios, preguntando y relacionándote en ferias de empleo u otros eventos y, por supuesto, analizando los requisitos de las ofertas afines a tu objetivo profesional. La red profesional *LinkedIn* es un buen lugar para fijarte en qué competencias y qué formación destacan en sus perfiles, profesionales de tu área.

En este apartado debes incluir todas las situaciones negativas externas a ti, todos los factores externos del entorno que pueden suponer un obstáculo para que encuentres un trabajo. No olvides que estas amenazas te afectan a ti y también a tu competencia, por lo que no te queda otra opción que afrontarlas desde tus fortalezas.

Oportunidades. ¿Está en crecimiento tu sector? ¿Hay ofertas afines a tu perfil? ¿Cuentas con los conocimientos y las competencias que requieren las empresas? ¿Hay cursos de formación *online* gratuitos a tu alcance? ¿Estás siguiendo los pasos que te propongo en este libro? En este cuadrante debes analizar todos los factores externos que tienes a tu favor y que tienen que ver con el entorno y no dependen de ti directamente.

Recuerda que, al igual que las amenazas, afectan a todo el mundo.

Abril de 2020. Más de tres millones de personas se suman a las listas de desempleo entre ERES y ERTES. Todo un país confinado en sus casas desde hace un mes, comercios cerrados, criaturas sin escuela y la economía parada excepto las actividades declaradas esenciales. Posiblemente nunca hemos vivido en un contexto tan adverso y con tantas amenazas, pero Carmen, lejos de dejarse llevar por la desesperación y la inacción, decidió centrarse en las oportunidades. Administrativa y experta en atención al cliente, llevaba más de dos años sin trabajar. Hasta ese momento, aunque buscaba un empleo "de lo suyo", no había tenido una urgencia imperiosa por llevar un sueldo a casa. Sin embargo, el coronavirus cambió radicalmente su situación. Su marido, comercial autónomo, fue una de las miles de personas que dejaron de ingresar en cuanto el país se paró, y ahí Carmen tomó una decisión. Dedicó un tiempo a analizar las oportunidades laborales que podía haber y se dio cuenta de que había dos sectores que no habían cesado su actividad en los que podía encajar, la alimentación y las residencias de mayores. No había ofertas en los canales habituales y optó por postularse y mandar autocandidaturas. Hizo un listado de supermercados y residencias y, aprovechando que salía a hacer la compra, se ofreció para trabajar como cajera o reponedora. En abril del 2020, en el peor momento de la pandemia, consiguió uno de los pocos contratos que se hicieron en el país como recepcionista en una residencia y, cuando finalizó, la llamaron de un supermercado. La situación era adversa, muy negativa y, sin embargo, Carmen supo cómo aprovechar el momento para ver oportunidades donde otras personas solo veían amenazas.

* * *

Es el momento de abrir ventanas

"Yo es que no sé muy bien qué competencias tengo" me dijo en uno de los talleres Raquel. Cuando le di un papel y un boli para que hiciera un listado con sus habilidades, conocimientos, y aquellas fortalezas en las que destacaba, se quedó en blanco. Es común no saber qué decir cuando nos piden una descripción de quiénes somos, sobre todo si no hemos hecho un trabajo previo de autoconocimiento. A veces necesitamos que sean otras personas quienes nos digan qué competencias y virtudes nos ven, y para ello existe una herramienta de la psicología cognitiva que utilizamos a menudo en estos talleres; la Ventana de Johari. Se trata de una herramienta muy útil para realizar un análisis interno y que podemos aplicar también para entender nuestras relaciones interpersonales en cualquier ámbito, en el familiar o en el laboral.

En este ejercicio te propongo rellenar cuatro cuadrantes donde vas a incluir todo aquello que conoces o desconoces de ti, y lo que tu entorno conoce o desconoce de ti. Para ello tienes que escribir todas aquellas competencias y características que conoces de ti y, lo más importante, debes pedir a personas que te conocen bien tanto en el ámbito personal como en el profesional, que te den *feedback* y te digan cómo te describen ellas y qué destacan de ti como persona trabajadora o como amistad.

Toda esta información, la que proviene de tu propia percepción y la que te han trasladado las personas que has elegido, la vas a colocar en cada uno de los cuatro espacios de la Ventana de Johari que se corresponden con: Área Pública, Área Oculta, Área Ciega y Área Desconocida.

Área Pública. Aquí vas a incluir aquellos comportamientos, emociones o características que son conocidas por ti y también por tu entorno. Aquellas competencias que coincidan en tu lista y en las que han hecho las personas elegidas, deberás incluirlas en este cuadrante, ya que se trata de cómo nos vemos y cómo nos ven los demás, es decir lo que proyectamos y dejamos al descubierto.

Área Ciega. En este espacio se sitúa la percepción que tiene tu entorno de ti y que, sin embargo, tú no eres consciente de ello, lo que las demás personas saben o perciben de ti y tú ignoras. Se trata de lo que estás comunicando sin ser consciente de ello y que tiene un peso muy importante en la imagen que el resto tiene de ti, en tu marca personal. Es decir, las características que aparecen en las listas que han elaborado las personas que te conocen y que no forman parte de la tuya.

Sonia sentía mucha inseguridad cuando hablaba en público. Al enumerar sus fortalezas no incluía la de ser una buena comunicadora, es más, sentía pavor solo de pensar que tenía que hacer una presentación delante del público. Conservadora y restauradora de profesión, había ganado un premio muy importante por su trabajo en la restauración del Pórtico de la Gloria en la Catedral de Santiago. En el acto de reconocimiento tenía que presentar una ponencia para explicar cómo había llevado a cabo el trabajo. Unos días antes y observando su estado de nervios, decidimos hacer un ensayo y le propusimos que nos contara lo que iba a impartir en la charla con el fin de que le sirviese de entrenamiento y pudiésemos decirle qué podía mejorar. Nos dejó a todo el equipo con la boca abierta desde que comenzó a relatar su trabajo que, por supuesto, era su pasión. Al darle *feedback* en el ejercicio de su Ventana de Johari, todo el grupo coincidimos en destacar su gran capacidad para transmitir, una faceta en la que ella nunca se había reconocido, y que después de aquello, le sirvió para ganar en confianza. Sus miedos y sus creencias limitantes le habían impedido ver hasta ese momento lo que realmente transmitía y proyectaba al hablar en público.

Área Oculta. Se trata del lugar donde vas a incluir aquello que solo tú conoces y que no muestras en público. Normalmente suelen ser áreas de mejora que siempre has tratado de ocultar o maquillar para que las demás personas no lo perciban. Estas emociones o sentimientos, que normalmente tienen mucho que ver con tus miedos, solo van a aparecer en tu lista.

Ignacio es consciente de su extrema timidez, en cambio ha desarrollado y entrenado técnicas para hacer presentaciones y calmar sus nervios y vergüenzas, lo que le convierte en todo un maestro cuando sale al escenario. Quiere dedicarse a la enseñanza, y lo cierto es que cuando nos ha impartido algún taller de formación, se le ve con tanta soltura que en ningún momento percibes esa timidez de la que habla cuando se presenta y que consigue disimular con bromas para que no se note.

Área Desconocida. Este es el último cuadrante de tu Ventana, un espacio abierto a la exploración, al crecimiento y al aprendizaje. Deberemos incluir aquellos factores de nuestra personalidad que desconocemos y que también desconoce el resto, por lo que no aparecen en ninguna de las listas. Ahora estará vacía, pero al finalizar este libro y después de todas las píldoras antidesempleo que te propongo, vas a rellenar este área con capacidades y habilidades que hasta ahora permanecían ocultas y que te van a ayudar en la búsqueda de un empleo.

Rosa destaca este momento del autoconocimiento como uno de los más importantes en el proceso de búsqueda de empleo como podemos leer en el testimonio que nos ha dejado.

"A mí lo que más me ha ayudado es la introspección que hemos hecho, el conocerme a mí misma, ya que parece que al estar toda la vida conmigo misma me tendría que conocer, pero no es así...porque nunca te paras a pensar cómo eres realmente. Muchas veces te ves como te ven las demás personas, pero no como eres. La verdad es que sigo en ese proceso porque me está costando un montón. Yo pensaba que tenía la autoestima muy alta, pero al enfrentarme al elevator pitch me he dado cuenta que tengo que seguir trabajando en ello porque me cuesta mucho decir a una empresa qué puedo ofrecerle que otra persona no pueda, me veo del montón..."

* * *

Planta tu "Árbol de los logros"

Cuando hablamos de demostrar qué somos capaces de hacer, no vale con enumerar nuestras fortalezas. Debemos acompañarlas de ejemplos para que las personas que nos entrevistan o nos escuchan puedan visualizar nuestras habilidades y conocimientos y, sobre todo, que vean qué podemos hacer por la empresa si nos contratan. Incluir logros profesionales en tu currículum o contarlos en una entrevista de trabajo, te va a diferenciar del resto. No todas las candidatas y candidatos dedican tiempo a repasar aquello que han conseguido en su trabajo y que les enorgullece.

Javi trabajaba como operario en una fábrica de automoción donde hacían discos de freno para coches. Cuando llegó a su puesto el primer día, el encargado le explicó cómo iba el proceso, dónde estaban las piezas que tenía que ensamblar y en qué lugar las tenía que dejar. Su trabajo consistía en montar aproximadamente 100 discos de freno al día.

Durante las dos primeras semanas, mi amigo Javi no dijo nada, pero había un punto en ese proceso que no le encajaba. Al coger una de las piezas tenía que desplazarse dos metros y agacharse ya que esas piezas estaban colocadas en el suelo. En uno de los descansos se acercó al encargado y le preguntó que cuántos años llevaban con este proceso de montaje, —casi diez, —le contestó. Mi amigo le propuso cambiar las piezas del sitio para acercarlas al operario y situarlas sobre una plataforma a la altura de las manos. En una semana habían aumentado la producción un 10% y además la empresa se había evitado más de una baja por lesiones de espalda.

Esto es un gran logro. No es necesario que vuestros éxitos hayan sido excepcionales, seguro que a lo largo de vuestra larga carrera profesional localizáis alguna acción o decisión de la que sentís orgullo. Si no se os ocurre nada, pensad en algún momento en el que tuvisteis un problema, qué acciones realizasteis para resolverlo y cuál fue el resultado. Ahí encontrareis vuestros logros.

La herramienta del "Árbol de los logros" es una técnica muy útil para ser conscientes de las cualidades positivas que poseemos y de los logros que se han conseguido con ellas.

El ejercicio que te propongo consiste en elaborar dos listas. En la primera vas a hacer un repaso de todos esos logros que has conseguido a lo largo de tu vida profesional, sin entrar a juzgar si son muy significativos, basta con que sean importantes para ti.

Para Lidia, uno de los momentos de los que más orgullosa se siente es el día que le dieron la nota de su trabajo de fin de carrera. La situación familiar había sido complicada durante aquel año y sin embargo su esfuerzo mereció la pena.

Cuando le pedí a Sandra que hiciese esa lista de logros profesionales, no conseguía arrancar. Tras hacer un recorrido mental de su trayectoria de casi veinte años como Secretaria de Dirección, se acordó de una situación en su último trabajo. Aquel día, el director tenía una reunión importante con un grupo de personas a las que ella tenía que recibir. En el momento en el que la delegación llegó, apareció uno de los técnicos para decirle a Sandra que el proyector no funcionaba. Nervios, caos y, para aumentar la tensión, cuando se dirigía a la sala donde se celebraba la reunión, su jefe, el director, le pide un café. En cinco minutos que le parecieron eternos, fue capaz de arreglar el proyector, recibir y acomodar al grupo y, por supuesto, le llevó el café cortado con un azucarillo como le gustaba a su jefe.

A continuación te propongo otro listado con todas las cualidades, habilidades, conocimientos y competencias que tienes y gracias a las cuales has conseguido esos "éxitos profesionales". Si has realizado los ejercicios anteriores del DAFO y de la Ventana de Johari, ya tendrás mucho trabajo hecho.

Sandra consiguió arreglar el proyector gracias a sus competencias digitales y conocimientos informáticos. El grupo invitado a la reunión no se percató del problema, entre otras cosas, por sus cualidades y experiencia en atención al cliente y, obviamente, a su jefe, no le trasladó el problema, sino que le ofreció la solución; acostumbrada como estaba a tomar decisiones de manera resolutiva y eficiente. El recuerdo de este logro le sirvió a Sandra para escribir el perfil profesional en su presentación, y cuando relató este suceso en una entrevista de trabajo, quedó bastante evidente cuáles eran sus competencias sin necesidad de enumerarlas.

Por último, y no valen excusas de que no sabes dibujar, vas a coger una hoja y vas a hacer un gran árbol donde junto a las raíces vas a colocar todas las habilidades y cualidades que te caracterizan. Tienes que dibujar raíces gruesas para aquellas competencias o fortalezas fundamentales en esos logros, y raíces más finas para las características menos importantes. De las ramas que dibujes van a colgar frutos, unos más grandes que otros dependiendo del tamaño de tus logros. Es importante que de vez en cuando eches un vistazo a este árbol que has plantado y que, sin duda, va a seguir creciendo a lo largo de tu vida laboral.

* * *

Traza tu línea de vida

Trazar una línea horizontal donde vas a incluir aquellos acontecimientos que se corresponden con tus momentos más álgidos y más bajos de tu vida laboral, es una de las técnicas que se utilizan para el autoconocimiento. La psicóloga Julia Márquez afirma que "las personas somos una historia, un presente y un futuro, y todo confluye en nuestra individualidad. También somos un relato, de todo lo que nos ha pasado en nuestra historia de vida, y saber ordenarlo y darle sentido a nuestra historia es fundamental para crecer como personas, tener confianza en nosotros mismos y aceptarnos sin complejos".

En esta línea temporal que dibujas, vas a anotar aquellos momentos de tu vida laboral como pueden ser los diferentes trabajos que has tenido, puestos en los que has trabajado, si ha habido algún ascenso o algo de lo que sientas orgullo. Señala también despidos o finalizaciones de contrato, es decir, todos los cambios que ha habido en tu carrera profesional tanto si son positivos como negativos.

Cuando hayas localizado esos diez acontecimientos más destacables, quienes tenemos más de cuarenta años seguro que recordamos alguno más, y escribes una o dos frases para describir cada uno de ellos. El objetivo es que encuentres en estas descripciones, intereses, valores, habilidades y competencias que utilizaste en su momento. Te va a resultar mucho más fácil si utilizas palabras de acción en estas frases. Por ejemplo, en mi caso, uno de los momentos más importantes en mi vida profesional fue el primer día de trabajo con el equipo de la primera lanzadera de empleo.

Para describirlo diría lo siguiente:

"Preparé la sesión con muchísima ilusión. La ensayé y aunque estaba bastante nervioso porque era la primera vez que trabajaba en un programa de empleo de este tipo, creo que la pasión que puse en la presentación del programa y la motivación que mostré, fue muy importante para ganar la confianza de las personas desempleadas a las que iba a acompañar. Estaban depositando en mí sus esperanzas de encontrar un empleo y eso era para mí una gran responsabilidad. Sin duda en aquel momento decidí que iba a dar todo lo que dependía de mí para no decepcionarles y hacer todo lo posible para que pudieran alcanzar sus objetivos profesionales."

Si nos fijamos en los verbos de acción como "preparar", "ensayar", "trabajar", "ganar", "acompañar", indican habilidades y competencias que utilicé en aquel momento. En el párrafo también aparecen palabras como "pasión", "motivación", "responsabilidad", "objetivos profesionales", que también aportan mucha información de mis valores y de mis intereses, y sobre todo me definen como persona.

Si hacemos esta descripción con los diferentes hitos de nuestra trayectoria profesional, veremos que hay muchas palabras que se repiten. Ahí es donde van a estar tus fortalezas.

Las personas expertas coinciden en que es imprescindible tener un *"locus de control interno"* para alcanzar la satisfacción profesional. Esto significa decidir por ti sin que sean otras u otros quienes lo hagan. Si te conoces bien, serás tú quien decida el objetivo profesional y no actuarás en respuesta a las expectativas de otras personas. Seguro que, en esta carrera por alcanzar tus objetivos, vas a obtener más satisfacciones si en la meta está aquello que quieres.

* * *

¿Necesitas conocer el terreno?

Ya has realizado un trabajo de autoconocimiento y sabes con qué fuerzas cuentas. Ahora es el momento de observar cómo está el mercado laboral y en concreto el sector al que te quieres dirigir. Has localizado amenazas y oportunidades y te queda conocer el terreno en el que te tienes que mover. Para ello te hace falta información actualizada porque el mundo laboral sufre continuas transformaciones.

Seguramente las cosas han cambiado mucho desde la última vez que buscaste trabajo. ¿Recuerdas las páginas salmón de los periódicos? Pues prácticamente han desaparecido. Hoy las ofertas laborales están en otros lugares y es importante que sepas dónde las puedes encontrar.

Lo que ocurre hoy en día con las ofertas de empleo es que cerca del 80% de los puestos que necesitan cubrir las empresas permanecen ocultos.

No quiere decir que los escondan, lo que dice esta Teoría del Iceberg es que ya no están a la vista en los escaparates habituales como plataformas de empleo, periódicos o anuncios.

El mercado oculto supone que solo una de cada cuatro ofertas laborales se hace pública. Este dato, aunque no lo creas, te pone en ventaja. Solo tienes que empezar a tomar las píldoras antidesempleo que te ofrezco, ya que solo una de cada cuatro personas que están en desempleo sabe lo que hay que hacer para acceder a este mercado oculto. Al finalizar este libro te aseguro que serás una de ellas.

Según la empresa de desarrollo de talento Lee Hecht Harrison, las razones para que las ofertas de trabajo estén ocultas tienen que ver con motivos de confidencialidad, para no dar pistas a la competencia de sus intenciones. Prefieren recurrir a personas que vienen referenciadas por trabajadores y trabajadoras de la propia empresa o, incluso, prefieren recurrir a la búsqueda directa de profesionales mediante cazatalentos.

También te estarás dando cuenta de que algunos de los requisitos que aparecen en las ofertas de trabajo son nuevos, y que competencias como flexibilidad, trabajo en equipo, liderazgo o comunicación, son cada vez más comunes.

Te propongo que reflexiones con las siguientes preguntas:

1.- ¿Cuáles son los cambios más importantes que se han dado en el mercado laboral en los últimos tiempos? ¿Y en tu sector?

2.- ¿Cómo ha cambiado la forma de contratar de las empresas? ¿Y de los procesos de selección?

3.- ¿Cómo buscan candidaturas las empresas hoy en día? ¿Qué medios usan?

4.- ¿Dónde se ofertan las oportunidades laborales que se ajustan a tu perfil?

5.- ¿Qué competencias están pidiendo las empresas?

6.- ¿Ha cambiado la tecnología la forma de buscar empleo? ¿Qué recursos digitales conoces para ello?

7.- ¿Sabes qué es el *Networking*? ¿Asistes a foros de empleo donde las empresas ofertan trabajos?

Para contestar a estas preguntas y sacar tus propias conclusiones, es importante que dediques un tiempo a investigar. Te recomiendo videos como el de Sergio Fernández "Oportunidades de negocio en el nuevo paradigma laboral" o el blog de Jordi Serrano "El futuro del trabajo". Son solo una muestra de todos los recursos que puedes encontrar en internet y que te van a dar pistas de lo que hoy en día piden las empresas en sus procesos de selección, de los cambios más importantes en el mercado laboral y, sobre todo, de cómo tienes que buscar trabajo en estos tiempos.

En internet tienes multitud de estudios que ofrecen datos sobre los empleos más demandados. *LinkedIn*, Infoempleo o Adecco, suben cada año a la red informes donde detallan los empleos emergentes y las habilidades más solicitadas.

Una vez que te has situado en el nuevo mapa laboral, debes pasar a enumerar las características que hoy en día crees que exige el mercado para conseguir un trabajo. ¿Qué competencias y conocimientos son los más demandados? Si te fijas en las ofertas de empleo de tu sector, vas a ver qué piden las empresas y podrás comprobar si estás preparado para estos cambios o en el caso de que algo te falte, qué puedes hacer para solucionarlo.

* * *

Localiza tus competencias
Hoy en día seremos más competitivos o competitivas cuantas más competencias, que requiera nuestro puesto de trabajo, reunamos, pero, ¿sabes qué competencias son las más solicitadas en los procesos de selección?

Las competencias que en estos momentos están demandando las empresas, ya sea para optar a un puesto de trabajo en una ingeniería, en una agencia de publicidad o en un supermercado; por suerte, están muy localizadas. Hay empresas que, aun no teniendo una oferta laboral en firme, hacen entrevistas de trabajo para encontrar personas que reúnan competencias concretas, y si es necesario, crean un puesto para ellas.

Pero antes de conocer cuáles son las competencias que debes tener para que tus posibilidades de ser la opción elegida aumenten, es importante saber qué entendemos por competencia.

La definición que nos da Adecco, una de las mayores compañías de recursos humanos, precisa que, entendemos por competencias "el conjunto de comportamientos observables que tenemos las personas y que están relacionadas con el talento y la aptitud".

Dicho de otro modo, las competencias son una mezcla de:
Lo que sabemos hacer.
Lo que podemos hacer.
Nuestra personalidad.
Nuestro saber estar.

Nuestra motivación.

Las empresas valoran, por supuesto, la formación y la experiencia, pero lo que más empiezan a valorar es tu actitud y tus habilidades. Por todo esto es imprescindible que te hagas una serie de preguntas para comprobar si cuentas o no con esas competencias que te van a abrir las puertas del mercado laboral.

* * *

¿De qué competencias estamos hablando?

En la web de Adecco puedes encontrar las competencias que más valoran hoy en día las empresas a la hora de seleccionar sus candidaturas:

https://fundacionadecco.org/wp-content/uploads/2020/04/guia-2020.pdf

Cuando optas a un puesto de trabajo, la mayoría de quienes pasáis la primera criba inicial es porque cumplís los requisitos básicos que exige el puesto. Contáis con la formación necesaria y los conocimientos técnicos para saber hacer, entonces, ¿cómo te puedes diferenciar del resto de personas que optan al empleo?

Contar con estas competencias, las llamadas habilidades blandas o *soft skills*, te va a situar en una buena posición a la hora de ser la persona elegida. Estas competencias son una combinación de habilidades sociales, habilidades de comunicación, rasgos de la personalidad, actitudes, inteligencia social y por supuesto, emocional. Permiten a las personas trabajar bien con otros, en entornos de cambio e incertidumbre, tomar decisiones, ser proactivas y conseguir los objetivos.

¿Propones ideas nuevas? ¿Cambias los esquemas establecidos? ¿Enfocas las cosas de una manera diferente a la habitual? Si tu respuesta es SÍ, eres una persona que cuenta con dos competencias importantísimas, CREATIVIDAD E INNOVACIÓN. Si tu respuesta es NO, estás de suerte, todas estas competencias pueden entrenarse. No tengas miedo a dar tu opinión por muy loca que te parezca, y si no estás conforme con lo que te rodea no te cortes e intenta cambiarlo.

El informe recientemente publicado "Las empresas españolas frente a la revolución del *reskilling*", elaborado por EY y Future for Work Institute, revela que la capacidad más demandada por las empresas, es precisamente la creatividad. Una competencia que a pesar del auge de las nuevas tecnologías, se sitúa por delante de otras como la recopilación y evaluación de información o el análisis de información numérica. Es evidente que en situaciones inciertas como la que vivimos tras la pandemia, se generan problemas nuevos ante los que se necesitan soluciones creativas.

¿Te gusta trabajar con personas? ¿Eres capaz de colaborar en proyectos? ¿Motivas para que tus compañeros y compañeras participen y que fluya la comunicación entre todo el equipo? En caso afirmativo, eres una persona con capacidad para TRABAJAR EN EQUIPO. Puedes ser una persona con las ideas muy claras y al mismo tiempo escuchar a quien trabaja a tu lado. Al compartir y colaborar no solo mejora el trabajo, sino que también enriquece a tu persona. Es importante diferenciar este concepto del trabajo en grupo, donde las personas trabajan de forma independiente para alcanzar un objetivo global.

¿Cuentas con la capacidad de orientar y dirigir a miembros de un equipo? ¿Mejoras el resultado de los objetivos cuando haces algún trabajo en equipo? Si es así, eres una persona que cuenta con una competencia muy importante, LIDERAZGO.

¿Eres capaz de gestionar tus emociones y permaneces centrado en situaciones difíciles? ¿Eres una persona impulsiva o reflexionas antes de tomar una decisión? ¿Eres capaz de expresar tus emociones? Con una respuesta positiva querrá decir que sabes manejar tus emociones y demuestras tener una alta INTELIGENCIA EMOCIONAL.

¿Cómo reaccionas ante situaciones adversas? ¿Te adaptas bien a los cambios? ¿Sales con fortaleza y mejor que antes tras una situación adversa o de cambio? Si tu respuesta es SÍ, eres una persona que puede con todo y que cuenta con una competencia fundamental para afrontar los cambios, la RESILIENCIA. Es importante fomentar la confianza en tu capacidad para resolver problemas, ser consciente de que el mundo está en constante evolución y hay que adaptarse, y para todo esto debes concentrarte en tus puntos fuertes. Factores como el autoconocimiento, la autoestima, la madurez emocional, la capacidad para gestionar el estrés o las habilidades sociales, van a fortalecer tu resiliencia.

¿Has dedicado tiempo a construir, gestionar y comunicar tu imagen pública? ¿Te diferencias de las demás personas? ¿Te consideras singular, con factores de distinción? Con un SÍ por respuesta significa que estás cuidando tu MARCA PERSONAL, que proteges todo aquello que publicas en redes sociales y que actúas con cabeza siempre que hay gente delante. Que no sigues lo que dice la mayoría sin más y que tienes voz propia que te diferencia.

¿Te sientes con comodidad hablando en público? ¿Crees que comunicas de manera clara? ¿Mantienes la atención de las personas que te escuchan? Poseer la competencia de COMUNICACIÓN te va a abrir muchas puertas. De lo contrario, siempre puedes llevar a cabo estrategias para superar estas áreas de mejora. Cuando vayas a hablar en público no corras, estructura tu discurso y tómate tu tiempo para contarlo. Ensaya y ensaya hasta hacerlo tuyo y que salga de una manera natural. Debes conocer a quién te diriges y adáptate al público. Más adelante te daré algunas píldoras para que las pongas en práctica en las entrevistas de trabajo o en tus presentaciones.

A todas estas competencias hay que añadir la CURIOSIDAD que La Fundación Adecco ha incluido en la "Guía década 2020: 20 competencias contra la exclusión laboral". ¿Quieres saber más sobre esto? ¿Te gusta aprender cosas nuevas? ¿Te interesas por lo desconocido? ¿Investigas a las empresas antes de una entrevista de trabajo? Si tu respuesta es Sí es que cuentas con esta competencia tan valorada por las empresas, en caso contrario, puedes empezar desde hoy a entrenarla.

No olvides que la competencia es una capacidad, un comportamiento observable y que tiene que ver con el talento y la aptitud, con las habilidades, los conocimientos, con las creencias y los sentimientos. Cuando comunicas, cuando te relacionas en la búsqueda de empleo sea por el medio que sea, no vale con señalar que cuentas con tal o cual competencia. Recuerda que debes ilustrarlo con ejemplos de la vida real y laboral.

Si aún tienes alguna duda acerca de en qué consiste cada una de estas competencias o quieres comprobar si cuentas con otras que también son importantes para el desarrollo profesional, en la página de la Agencia de Desarrollo local del Ayuntamiento de Barcelona, Barcelona Activa, tienes un Diccionario de Competencias Clave que te puede ayudar:

https://treball.barcelonactiva.cat/porta22/es/altres/diccionari.jsp

Te voy a facilitar también una página web del servicio de empleo de la Comunidad de Asturias, Trabajastur, donde al seleccionar una ocupación de cualquier sector, automáticamente, te indica la definición del puesto, las funciones que realiza, las competencias técnicas que requiere el trabajo y todas las habilidades que se necesitan.

La página es https://trabajastur.asturias.es/conoce-los-perfiles-profesionales y seguro que te ofrece información interesante de lo que las empresas buscan en tu perfil, y que además puedes utilizar en tu currículum o en tu presentación.

Es ahora cuando tienes que hacer una reflexión con toda la información que has recopilado de qué es lo que tienes que hacer para adaptarte a estos cambios y cumplir con los requisitos que exige hoy el mercado laboral.

NECESITAS UN PLAN PARA TU OBJETIVO
Paso 3.

PASO 3.
NECESITAS UN PLAN
PARA TU OBJETIVO

*"**S**i tengo que destacar algo que me haya llamado la atención de manera reseñable, es la importancia de marcarse cuanto antes un objetivo al que orientar nuestros esfuerzos. En mi caso y creo que en el de algunos compañeros, llegamos a la Lanzadera teniendo claro que necesitábamos un cambio, pero no hacia dónde tirar. Ese es el mejor estadio para perderte por mil laberintos ya que no tienes una meta fijada a la que llegar.*

Según el dicho popular, "todos los caminos llevan a Roma", pero si no planificas una ruta que te marque el camino más directo, los días que necesitarás para llegar, los medios que deberás utilizar para ello, etc., lo evidente será que te pierdas por mil sendas o en el peor de los casos que no llegues nunca.

Los compañeros que empezaron con la idea clara de lo que querían conseguir, son los que primero nos abandonaban porque sus esfuerzos estaban más focalizados y llegaron antes al codiciado puesto de trabajo, o al menos a uno que les acercaba más a su meta ideal.

Así que yo resalto por encima de otras herramientas y programas, trabajar lo primero el "qué quieres ser" y después marcar el camino a seguir para alcanzarlo. Y las dudas que siempre entran dejarlas de lado, decidirse por una apuesta y a por ella, si sale mal siempre hay tiempo de enmendar el rumbo".

Este es el testimonio de Ignacio, participante de una lanzadera de empleo. Destaca la importancia de fijar cuanto antes el objetivo profesional para no caer en el peligro de perderse. Los primeros días en estos programas de empleo, la impaciencia se apodera en muchos momentos de los y las participantes. Dependiendo de la situación económica en la que se encuentren, es lógico que algunas personas necesiten encontrar un empleo lo antes posible, pero esto es compatible con el trabajo de definir tu objetivo profesional. Para esta búsqueda es importante diseñar un plan de acción con una serie de etapas que hay que ir superando para que cuando llegue el momento tengamos la preparación suficiente y podamos ofrecer nuestra mejor versión.

Ya te has familiarizado con la nueva situación y conoces el terreno por el que moverte. El mercado laboral es muy grande, lleno de incertidumbre y en continuo cambio, por lo que es necesario que comiences a centrarte y buscar trabajo con los objetivos claros.

Hemos hablado de lo importante que es diagnosticar en qué momento te encuentras, te conoces un poco mejor, has medido tus fuerzas y sabes cómo mejorarlas. Ahora es el momento de saber hacia dónde te quieres dirigir. Para ello necesitas un mapa que te indique el objetivo profesional al que quieres llegar y que te guíe por esas rutas en forma de oportunidades para encontrar el tesoro, tu empleo.

Antes de poner el foco y buscar tu objetivo profesional, es necesario que ordenes tu casa, ser fuerte y tener buenos hábitos. Se puede decir que lo que has hecho hasta ahora es preparar tu equipaje para iniciar el viaje hacia el empleo. En este tercer paso aprenderás a diseñar tu mapa, y lo vas a hacer siguiendo el Plan Estratégico de Empleabilidad que te propongo.

Como quien trata de matar moscas a cañonazos, si buscamos un empleo sin tener claro hacia dónde tenemos que mirar, las posibilidades de éxito se reducen. Podemos desperdiciar oportunidades si enviamos un currículum que no hemos adaptado a la oferta, si nos presentarnos a una entrevista sin saber cuáles son nuestras fortalezas, o si acudimos a un foro de empleo sin tener preparada una presentación clara en la que se recoja quién soy, qué hago y lo que puedo ofrecer; pero mucho peor es que no avances por no saber qué quieres o hacia dónde dirigirte.

Marcar el objetivo profesional del que nos habla Ignacio comienza por elaborar un plan y el primer peldaño es conocer tu "porqué", tu propósito; es decir, aquello que da sentido a tu vida y a lo que haces.

* * *

¿Cuál es tu propósito en la vida?

¿Qué es lo que más te gusta hacer?

¿Qué trabajo te realiza?

¿Qué es lo que mejor se te da?

¿Eres quien quieres ser?

¿Qué crees que puedes aportar a otras personas?

¿Qué se pierden las empresas al no contratarte?

¿Con qué trabajo te levantarías por la mañana con ilusión?

¿Te habías planteado alguna vez estas preguntas?

Pues este puede ser el momento.

Adecco Group realizó una campaña para ayudar a las personas a encontrar su propósito, conocedores de lo importante que es este tema para alcanzar el objetivo profesional. En el video de esta campaña aparecen diferentes testimonios de personas que nunca se habían cuestionado la importancia de su propósito, y su reacción es sorprendente. El video lo puedes encontrar en el siguiente enlace:

https://www.tuproposito.es/

Juanjo es calderero desde hace muchos años. Cuando me habla de su trabajo me describe los barcos que construye. Lo que cada mañana motiva a mi amigo a levantarse de la cama no es lo que hace, no es pensar en las escaleras que está soldando o en las puertas que está punteando, es porqué lo hace, su gran propósito es creer que forma parte de un equipo que ha construido un barco.

Conocer tu propósito es lo primero que tienes que hacer para marcar una meta profesional, saber a dónde quieres llegar y los pasos que tienes que dar para alcanzar tus objetivos.

Te propongo que comiences a escribir qué es lo que da sentido a tu vida y, por lo tanto, a tu búsqueda de empleo. Empieza a pensar en el trabajo en el que quieres estar, que representa lo que te gusta hacer y donde vas a ser feliz.

Fernando tiene muy claro lo que quiere ser. Lo que más le gusta en la vida son las películas y su sueño es ser algún día actor de doblaje. En una sesión grupal nos hizo una demostración de sus habilidades que nos sorprendió por lo bueno que era. Nunca se ha dedicado profesionalmente y, sin embargo, en ningún momento ha perdido la esperanza. Mientras tanto, Fernando es consciente de que hay que trabajar, y durante el tiempo en el que lo estuve acompañando, aceptó tres trabajos temporales que nada tenían que ver con su propósito. Esta es la actitud. Mantener vivo tu propósito, no dejar de perseguir tu meta, y si la necesidad económica aprieta, aceptar esos trabajos que llamamos trabajos "mientrastanto".

Pablo quiere ser actor, lo tiene en su cabeza desde niño y nadie se lo va a quitar. Tenía un área de mejora, el inglés. Como no encontraba trabajo en la industria del cine decidió marcharse a Londres en busca de otras oportunidades. Ha ido aceptando trabajos de camarero, en un hotel y ahora que domina mejor el idioma, está de administrativo en una oficina; eso sí, nunca ha perdido de vista ni su objetivo ni su pasión. Ha aprovechado el tiempo ya que mientras se sacaba un sueldo en esos trabajos, ha recibido clases de inglés y de arte dramático. Quién sabe si pronto lo veremos en una serie de Netflix y con la voz de Fernando como doblador.

Tengo casi cincuenta años y mi trayectoria profesional ha sido larga y variada. Diseñador gráfico, creativo publicitario, profesor universitario, cámara de televisión, comercial, periodista, editor de vídeos, creador de páginas web, *community manager*, *coach*, técnico de empleo, y seguro que algo se me olvida. Lo que tengo muy claro es que de todos los trabajos que he realizado, hay uno en el que más he disfrutado, en el que me siento realizado, y pienso que es el que mejor se me da.

Que las personas a las que acompaño alcancen sus objetivos personales y profesionales, que salgan del pozo en el que les ha metido el desempleo, y que comiencen a ver oportunidades con ilusión y confianza en sí mismas, es mi propósito profesional y lo que me motiva cada mañana para ir a trabajar.

* * *

¿Tienes claros tus valores?
"Compromiso con la ciencia y la innovación, Vocación de servicio al socio, Colaboración, Asertividad, Transversalidad y Ética", estos son los valores que nos encontramos en la página web de la Asociación Española de Bioempresas, AseBio. No conozco esta asociación por casualidad. Desde hace unos años su responsable de Recursos Humanos, Paola Salanueva, colabora en los programas de empleo donde trabajo, y solo viendo el interés que tiene por colaborar y la pasión que pone a la hora de ayudar a las personas que buscan trabajo, nos dice mucho de cuáles son sus valores personales y profesionales, valores que están alineados con los de su empresa.

Las compañías recogen sus valores en los planes estratégicos puesto que son los principios éticos y profesionales mediante los cuales guían sus actividades y representan la personalidad de la empresa. Para que puedas desarrollar tu trabajo en un lugar donde te sientas bien, es muy importante que tus valores no disten mucho de los de la empresa donde vas a trabajar, pero, ¿tienes claro cuáles son los tuyos?

Los valores son tus principios, los que rigen tu comportamiento en el día a día y que influyen en tus expectativas personales y profesionales. Si los conoces, vas a saber quién eres, qué es lo que quieres, y por lo tanto qué tipo de trabajo te interesa. Te ayuda a encontrar tu objetivo profesional, a descartar lo que no te motiva y no perder el tiempo en buscar empleos en empresas donde no quieres estar o en trabajos que no quieres realizar.

Lucía, la artista que ha ilustrado la portada de este libro y que tuve la suerte de acompañar en su proceso de cambio y búsqueda personal y profesional durante unos meses, lo tiene muy claro.

"Trabajando con el ejercicio de la rueda de la vida, entendí que mis valores podían reflejarse en mi trabajo. Y hoy es el día en que cada vez son más los proyectos que me llegan que se mueven por mis mismos valores"

Como veremos más adelante, en las entrevistas de trabajo se pueden interesar por tus valores para conocerte mejor y comprobar si están en armonía con los de la empresa o si vas a encajar en el equipo de trabajo. Es importante que conozcas tanto los tuyos como los de la empresa que te va a entrevistar.

"Personas que creen en Personas" "Nos une el nuevo estilo de Relaciones: compartimos experiencias, sinergias y conocimientos" "Aportamos recursos económicos, materiales y Capital Humano en proyectos sociales locales e internacionales". Son frases que nos encontramos cuando abrimos la web del grupo de empresas NER Group. De hecho, su web corporativa es http://nuevoestiloderelaciones.org y no es necesario acudir al apartado de "Valores, misión y visión" para darse cuenta de la importancia que le da este grupo de empresas a las PERSONAS.

Patricia lo tenía muy claro. Con más de cuarenta años había trabajado como informática en varias empresas y acudía al programa de empleo en búsqueda de algo diferente. Ya no quería trabajar en una empresa donde a las personas se las trataba como máquinas y no como personas. Durante muchos años la habían hecho sentir como si solo fuese un apéndice de su ordenador y era el momento de cambiar. No recuerdo de qué forma conoció la empresa NER, pero fue un flechazo. El índice de compatibilidad era del 100%. Valores, misión, visión, todo lo que leía de la empresa no hacía más que aumentar su amor por ella. Así que no tardó en marcarse como objetivo profesional trabajar en alguna de las empresas del grupo, y centró todas sus acciones en conseguirlo.

Unos meses después de terminar el programa de empleo recibí una llamada. Era Patricia para decirme que firmaba contrato, no matrimonial, sino de trabajo con una de las empresas de NER Group.

Para ayudarte a localizar tus valores, si es que aún no lo tienes claro, te propongo la siguiente actividad. Piensa en tres o cuatro personas que hayan sido importantes para ti o referentes a seguir. Pueden ser amistades, familiares, personas junto a las que has trabajado o personajes reales o ficticios. ¿Por qué son importantes para ti? Responde describiendo con dos palabras qué representan estas personas en tu vida.

En estas palabras encontrarás tus valores. Sencillo, ¿verdad? Solo te queda reflexionar acerca de qué significan esas palabras-valores para ti y cómo se reflejan en tus relaciones con los demás, en tu vida personal o en tus trabajos anteriores y por supuesto en los futuros.

De todos ellos, ¿cuáles son los más importantes? ¿en qué orden de prioridad los colocas? ¿Tienen que ver con tu profesión o con los trabajos que buscas? Las empresas a las que te vas a dirigir, ¿comparten estos valores? ¿Deberías cambiar o adaptar alguno para mejorar tu desarrollo profesional?

Mi persona de referencia en esta vida, por suerte, la tengo muy cerca. Mi madre se quedó viuda muy joven con dos hijos de 6 y 2 años, y mi hermana en la barriga. Mi padre murió unos días antes del Día de Reyes. Estoy seguro de que en otra familia, con otra madre, no solo aquellas navidades, sino todas las siguientes, hubieran sido fechas tristes y sin ilusión. En cambio, aquel día, aún estando mi madre destrozada, los Reyes vinieron a nuestra casa; y mi madre y el resto de la familia, hicieron todo lo posible para que las criaturas tuvieran un recuerdo feliz de esas fechas. Lejos de vivir la Noche Buena o la Nochevieja con tristeza, son los días en los que nos juntamos la gran familia, hacemos representaciones teatrales, cantamos, reímos y disfrutamos. Todo esto es gracias a la actitud de mi madre y de mis tías, cuyos valores son, por encima de todo la familia, la ilusión, pensar en positivo y ayudar a su alrededor a que sus vidas sean un poquito más felices. Valores que he heredado y que cada día comparto en mi trabajo y, por supuesto, en mi vida personal.

* * *

¿Qué quieres llegar a ser?
Si sabes responder a esta pregunta es que tienes clara tu "visión". Vuelvo al verano del 2013. Llevaba unos seis meses en desempleo y no encontraba un trabajo relacionado con mi profesión de periodista. Estaba

claro que necesitaba cambiar el rumbo y reiniciarme. Todos mis contactos, mi experiencia laboral y las empresas que conocía, estaban relacionadas con los medios de comunicación y aquel momento no era el mejor para mi profesión.

Acababan de llegar unos primos de vacaciones y disfrutando de un día de playa charlábamos acerca del empleo, de mi situación y de mis expectativas. En ese momento mi prima nos contó lo que habían trabajado en un curso de formación en su empresa. Un *coach* los había estado motivando, habían trabajado el autoconocimiento y de todo lo que habían visto en el taller, hubo una pregunta que a mi prima le llamó mucho la atención. Al finalizar el curso el *coach* le preguntó: ¿Cómo te ves dentro de 5 años?

Empecé a pensar en voz alta y me imaginé volviendo a la docencia, en un aula rodeado de alumnado dando una charla o explicando un tema. Ese fue el momento en el que comencé a fabricar mi futuro laboral, en el que visualicé dónde quería estar. Por fin tenía un objetivo profesional y un camino por recorrer.

Cinco años después ahí estaba, en un aula, junto a 20 personas desempleadas a las que acompañaba en la búsqueda de su objetivo profesional y haciendo lo que unos años antes, en una conversación con mi familia en la playa, había soñado.

Ahora soy yo el que te hace esa pregunta, y te pido que reflexiones sobre aquello que quieres alcanzar y el trabajo que quieres conseguir. Imagina cómo te ves dentro de unos años, en qué empresa, en qué trabajo, con qué tipo de jornada.

Cuando hago estas preguntas, muchas personas contestan que trabajarían de cualquier cosa, pero eso no es cierto. Cuando entramos en detalle en las sesiones individuales, confiesan que hay trabajos que no harían, que no saldrían de su ciudad, que preferirían empleos de media jornada, o que no aceptarían trabajar a turnos. Es importante que tengas claro en qué te gustaría trabajar, dónde no te importaría, y lo que nunca aceptarías. Este pequeño ejercicio es lo que te va a ahorrar tiempo y esfuerzo para centrarte cuanto antes en la búsqueda de aquellas oportunidades laborales que te interesan de verdad. Si sabes qué trabajo quieres vas a saber qué tienes que hacer para mejorar tu perfil profesional, qué formación necesitas y dónde buscar.

* * *

Tienes una misión

Tener clara tu misión es una de las herramientas más importantes que permite organizar tu búsqueda de empleo. Te motiva en ese camino por encontrar un trabajo y, sobre todo, indica dónde tienes que poner el foco. La misión es la que va a guiar todas tus acciones para conseguir tu objetivo profesional. Al igual que la visión, la misión es un concepto que deriva del mundo empresarial y que perfectamente se puede adecuar a nuestro Plan Estratégico de Empleabilidad.

Para que no te confundas, tu Propósito es tu razón de ser, por qué haces las cosas y por qué trabajas o quieres trabajar en ese lugar. La Misión es lo que haces para alcanzar tu propósito, todas las acciones que llevas a cabo para trabajar donde te has propuesto, y una vez conseguido el puesto, lo que haces para mantenerlo.

Para ayudarte a redactar tu Misión, te propongo que contestes a las siguientes preguntas:

1.- ¿Por qué te gusta tu trabajo?
2.- ¿A qué personas solucionas problemas o aportas beneficios?
3.- ¿Qué imagen quieres dar como profesional?
4.- ¿En qué consiste tu trabajo?
5.- ¿Qué servicios o productos ofreces?
6.- ¿Qué relación tienes con tu empresa?
7.- ¿En qué te diferencias de otros trabajadores o trabajadoras de tu sector?
8.- ¿Cómo utilizas tus recursos para alcanzar tus objetivos?
9.- ¿Qué haces exactamente para conseguir tu Propósito?

Antes de llegar al momento en el que estoy, mis objetivos y mi misión han ido cambiando. Cuando tuve claro mi Propósito, ordené mis Valores y prioridades, y trabajé en mi Visión. Cuando empecé a verme en el futuro en aquel aula, elaboré un listado con todo lo que tenía que hacer para alcanzar mi objetivo profesional.

Y tú, ¿has empezado a hacer la lista de tareas?

En mi caso contacté con personas que estaban trabajando en programas de empleo, busqué ofertas que se ajustaran a ese perfil y, sobre todo, me formé e informé de todo lo que necesitaba para llegar a ser orientador laboral y *coach*. Aún hoy sigo dando pequeños pasos, alcanzado objetivos a corto plazo, que me permiten trabajar en lo que me apasiona y en lo que creo.

Todos los días investigo y me intereso sobre nuevas herramientas que pueden ser útiles para que las personas con las que trabajo salgan del desempleo. En los programas en los que colaboro utilizo la inteligencia emocional para motivar a las personas que buscan un trabajo o quieren cambiar de rumbo profesional, aporto técnicas de empleabilidad para mejorar sus currículums o para hacer mejores entrevistas de selección, ayudo a que localicen sus fortalezas y trabajen en sus áreas de mejora, acompaño en la definición de su marca personal y profesional, y oriento para que busquen empleo de otra forma y en aquellos lugares donde aún no han probado.

Habrás observado que mi Propósito, mis Valores, mi Visión y mi Misión están totalmente en consonancia, y tú, ¿ya tienes un plan?

Recuerda que tu Objetivo Profesional tiene que responder a dos preguntas:

1.- ¿Qué quieres? (cuáles son tus intereses y qué motivaciones tienes).

2.- ¿Qué puedes ofrecer? (es decir, tus aptitudes, actitudes, competencias, formación y experiencia). En tu búsqueda de empleo, antes de pedir tienes que ofrecer, por lo que siempre tienes que empezar diciendo qué valor aportas a la empresa, qué necesidades puedes cubrir, en definitiva, ¿qué problema resuelves y cómo?

A partir de ahora tienes claro lo que quieres, has dedicado tiempo a pensar en lo que te motiva. Motivación es una palabra que viene de la palabra en latín "motus" que significa movimiento, ¿qué te mueve? ¿qué te levanta de la cama? Para saberlo has trabajado en la elaboración de tu Estrategia y ahora es el momento de que empieces a investigar el terreno en el que te tienes que mover.

* * *

¿Sabes hacia dónde tienes que ir?
Solo cuando tenemos claro el objetivo y lo visualizamos, empezamos a andar en la dirección correcta. Para ello es importante saber lo que quieres y, sobre todo, por dónde te tienes que mover para conseguirlo.

No es necesario esperar a una oferta concreta que se ajuste a tu perfil para que envíes un currículum a una empresa, tu trabajo también consiste en detectar nuevas oportunidades. Para esta misión lo primero que tienes que elaborar es una base de datos con 20 o 25 empresas que se ajustan a tu objetivo profesional a las que vas a enviar una carta de motivación junto al currículum. En el último paso de tu búsqueda vamos a profundizar para que la carta y el currículum que envíes ofrezcan tu mejor versión.

¿Conoces el tejido empresarial que te rodea? ¿Sabes qué empresas pueden necesitar perfiles como el tuyo? Estas son las primeras preguntas que te tienes que plantear una vez que ya tienes tu Plan Estratégico de Empleabilidad para elaborar tu listado de empresas y dirigir a ellas tus acciones.

Existen varias páginas web donde puedes consultar por sectores o por actividades las empresas que hay en tu comunidad autónoma:

www.informa.es/directorio-empresas

Una vez que tienes el listado, puedes investigar en profundidad aquellas que te interesen. La Cámara de Comercio de España cuenta también con un censo público de empresas:

www.camara.es/funcion-consultiva/consulta-del-censo-publico-de-empresas

Aquí se dispone de una serie de filtros para localizar aquellas que se ajustan a tu perfil. También puedes acudir a la Cámara de Comercio de tu CCAA o ciudad.

LinkedIn constituye una buena fuente de información y, a través de su buscador, puedes localizar empleos, empresas y personas que trabajan en aquellos sectores que te interesan.

Es importante que investigues qué sectores y empresas tienen más afinidad por emplear a personas mayores de cuarenta y evitar las que menos.

Tienes un mapa, has elaborado un plan, conoces el terreno y has marcado tu objetivo profesional, ¿qué te falta? Solo te queda dar el último paso hacia el empleo, es hora de pasar a la acción.

PÍLDORAS PARA LA COMUNIC-ACCIÓN
Paso 4.

PASO 4.
PÍLDORAS PARA LA COMUNIC-ACCIÓN

1972. El vuelo 571 de la Fuerza Aérea Uruguaya se estrella en un risco de la cordillera de los Andes con el equipo de rugby Old Christians Club, familiares y amistades en su interior. De las y los cuarenta pasajeros y cinco tripulantes, dieciséis logran sobrevivir al terrible accidente, ¡Viven! Tal vez has visto la película. Tras varios días sin tener noticias del exterior, uno de los supervivientes consigue reparar una radio y con pedazos de cable del avión construye una antena. Se turnan durante días para escuchar emisoras chilenas hasta que un día anuncian que han suspendido la búsqueda. En ese momento hay dos personas escuchando la radio, y ante esa noticia se producen dos reacciones diferentes. Uno de ellos se hunde, se derrumba y decide abandonarse a su suerte, se dice así mismo que ha llegado el final. En cambio, su compañero se incorpora, introduce en una mochila lo poco que se puede llevar y decide salir del avión, montaña arriba, dejándose guiar por lo único de lo que estaba seguro, que Chile se encuentra hacia el Oeste.

Hace cuatro años sufrí un accidente de coche muy grave. Diez días en coma, tres operaciones, y las dos piernas rotas por varios sitios, fémur, tibia, astrágalo y peroné. Creo que no quedaba nada más por astillarse. Después de estar 6 meses en silla de ruedas comencé a andar con muletas. Cada mañana acudía a rehabilitación y allí conocí a una persona que había sufrido un accidente un año antes que yo. Él solo tenía una pierna rota con las mismas lesiones que yo tenía en las mías y sin embargo aún continuaba en silla de ruedas cuando yo ya estaba caminando.

Cada persona observa de modo diferente la realidad. Interpreta de distinta forma los mensajes que recibe, reacciona de manera diferente ante una misma situación y lleva a cabo distintas acciones. Ante un despido, hay personas más optimistas que creen que pronto encontrarán otro trabajo incluso mejor y se animan a probar con todo lo que está en su mano para conseguirlo. Otras, en cambio, se quedan bloqueadas y necesitan que alguien las oriente; y siempre hay quienes se deprimen y lo que necesitan es que las animen.

Es por lo que cada cual necesita un tratamiento diferente para superar el desempleo y recuperar fuerzas para buscar nuevas oportunidades de trabajo.

A partir de aquí, te propongo más píldoras antidesempleo para que seas tú quien elabore la receta en función del momento en el que te encuentras y de lo que crees que necesitas.

Rafael Echeverría en su libro "El observador y su mundo", nos describe el Modelo OSAR (Observador, Sistema, Acción y Resultados) como una fórmula que se utiliza en el *coaching* ontológico para mejorar los resultados; ya sean en el plano personal o en el profesional. Este modelo afirma que los resultados que obtenemos son producidos por acciones realizadas por una persona que observa de manera particular. Esta persona que observa, que puede ser cualquiera, interpreta la realidad desde sus emociones particulares y desde su propia historia personal. Dependiendo de esa interpretación llevará a cabo una acción u otra.

Estas acciones, tienen siempre como consecuencia un resultado, y si al evaluarlo te sorprende, te decepciona o no logras lo que querías alcanzar, este modelo te ofrece la posibilidad de solucionarlo.

Si el resultado no es el esperado, en primer lugar puedes cambiar la acción que lo generó, lo que se denomina aprendizaje de primer orden. Solo conseguirás resultados diferentes si llevas a cabo acciones diferentes. Aunque se trata de una obviedad, ¿cuántas veces seguimos enviando el mismo currículum aun sabiendo que no nos está abriendo las puertas de una entrevista? ¿Has probado a encontrar trabajo haciendo cosas diferentes que no sea esperar a una oferta o darte de alta en los portales de empleo?

Está en tus manos modificar tus acciones, pero antes es importante que entiendas por qué no te están funcionando. Te invito a que en este punto reflexiones acerca de qué acciones estás realizando hasta este momento para conseguir un empleo y evaluar qué resultados estás obteniendo.

Tal vez pienses que ya lo has probado todo para encontrar un puesto de trabajo y eso te desespera. No te preocupes más, seguro que aún te falta mucho por probar. Solo necesitas que alguien te oriente con ideas frescas.

Además de cambiar las acciones, el Modelo OSAR ofrece un aprendizaje de segundo orden, que consiste en cambiar la capacidad de observación que tienes de la realidad. Esto tiene que ver con la actitud con la que te enfrentas al desempleo y que, como ya hemos visto en los pasos anteriores, está en tus manos modificar.

En este último paso encontrarás las píldoras antidesempleo que te permitirán desarrollar nuevas acciones para que tus resultados comiencen a ser diferentes. A partir de aquí, empezarás a observar la realidad desde otro punto de vista y con una actitud positiva.

No olvides que si haces siempre lo mismo y no cambias de gafas, tus resultados serán siempre los mismos.

* * *

Marca la diferencia

La primera píldora que te propongo es que empieces a diferenciarte, y para ello es fundamental la gestión de tu marca.

Si ya lo estás haciendo, pero no te está dando resultado, tal vez es conveniente que la gestiones de una manera diferente. Todos y todas tenemos una marca personal y profesional, no es algo nuevo, pero es necesario ser consciente de cuál es para poder proyectarla de manera adecuada y convertirnos así en algo deseado en este caso en términos laborales. Tu marca es lo que te identifica y diferencia en el largo camino hacia el empleo, y por supuesto, la marca se genera en la comunicación. La marca personal define lo que eres, tus valores y creencias, mientras que la marca profesional representa lo que haces y cómo lo haces.

En la década de 1940, el sociólogo estadounidense Harold Lasswell desarrolló un modelo que permitió entender el proceso comunicativo de una forma que resultó innovadora para la primera mitad del siglo XX y que aún hoy sigue vigente. En este paradigma, conocido como Paradigma de Lasswell, uno de los elementos básicos de la comunicación es el MENSAJE.

Para desarrollar y gestionar tu Marca ya has realizado un trabajo previo de autoconocimiento, has localizado tus puntos fuertes, y tienes claro tu objetivo profesional. Ahora solo te queda construir tu mensaje central para comunicarlo.

Se trata de tu propuesta de valor diferencial, donde vas a incluir qué, por qué y a quién solucionas con tu trabajo. Este es el mensaje que vas a utilizar en tus presentaciones cuando acudas a foros de empleo, o a entrevistas de trabajo. También va a encabezar tu currículum y lo vas a utilizar en los perfiles de tus redes sociales.

La marca es tu misión, tus valores, tus capacidades, tu actitud, tus conocimientos, tus competencias y, sobre todo, tu aportación diferencial. Saber gestionar tu marca comienza por aprender a elaborar un mensaje que comunique esa marca. A día de hoy es un requisito clave para triunfar en el mundo laboral y, obviamente, para encontrar un empleo.

Dedicar tiempo a trabajar y comunicar tu marca lleva a diferenciarte del resto de personas que compiten por un trabajo, puesto que hoy en día no todas las candidaturas hacen este esfuerzo. Tú ya tienes parte del proceso hecho. Recuerda que en tu misión ya has definido qué haces, con qué trabajas, qué resultados ofreces y quién se beneficia de que existas. Tu marca va a ser el resultado de cumplir con la misión que te has encomendado.

La marca es la manera en que te perciben las demás personas cada vez que llevas a cabo una acción, comunicas, transmites o te relacionas. Se trata de cómo quieres que te vean, lo que estás proyectando durante el proceso de búsqueda de empleo. Por eso es tan importante cuidar tu mensaje tanto en el mundo *online* como *offline*, que traslades la imagen que te propones y que gracias a ella destaques en tu sector profesional.

Al tratarse de la percepción de quien te rodea, la marca se crea en las relaciones personales. En una entrevista de trabajo, en un foro de empleo, en un currículum o en una presentación formal o informal, tu marca está a la vista de quien te va a seleccionar. Es más, una buena gestión, va a facilitar que las empresas se acerquen a ti y las ofertas te lleguen sin que tú tengas que buscarlas.

¿Alguna vez has conseguido un trabajo gracias a una recomendación? Si ha sido así es porque esa persona tiene una buena percepción de ti, conoce lo buen o buena profesional que eres y está dispuesta a recomendarte. La marca que proyectas genera la confianza suficiente como para que den la cara por ti.

En algún momento, tal vez, habéis recibido una oferta a través de las redes sociales como le pasó a Roberto, bioquímico y especialista en laboratorios de química analítica que cumplidos los sesenta años contactaron con él a través de *LinkedIn* para ofrecerle un puesto de técnico comercial en un laboratorio. Roberto no se había postulado a ninguna oferta pero tenía muy bien trabajada su marca en la red social profesional, *LinkedIn*.

Hay empresas que buscan candidaturas en internet y en las redes sociales en vez de publicitar las ofertas. Al no hacer público el puesto, se ahorran mucho tiempo evitando recibir currículums o entrevistando a personas que no se ajustan al perfil. De hecho, hay empresas especializadas en rastrear candidaturas en las redes para otras, las conocidas como "cazatalentos", que veremos más adelante.

Cuando vayas a redactar tu mensaje ten siempre en mente que a las empresas les interesa saber qué haces para solucionar lo que necesitan, cómo lo haces y tu porqué. No les interesa la historia de tu vida, lo que va a llamar su atención es que demuestres cómo gracias a tus habilidades, competencias y conocimientos te diferencias del resto para resolver sus problemas.

Define quién eres y en qué eres especialista, cuál es tu objetivo profesional, qué es lo que quieres de la persona que tienes enfrente y qué te propones conseguir como profesional. Es fundamental que incluyas en tu discurso qué puede obtener la empresa o la persona a cambio de tu propuesta y de tu trabajo, que vea los beneficios que obtienen al contratarte.

Por último, hay que cerrar el mensaje agradeciendo la oportunidad de que te hayan atendido y facilita la posibilidad de seguir manteniendo el contacto. Esto es todo lo que tiene que contener tu discurso o presentación.

Debes persuadir para que tu mensaje convenza de que tu candidatura es la mejor. Para ello te va a venir muy bien un poco de historia, el momento en el que comenzaron a preocuparse por eso de la persuasión.

* * *

Las 3 patas del mensaje persuasivo

En la Antigua Grecia los tiranos de la ciudad siciliana de Siracusa expropiaron las tierras a sus ciudadanos hace casi 2.500 años, repartiéndolas entre soldados y mercenarios. Tras su derrocamiento y la llegada de la democracia, los perjudicados trataron de recuperar sus propiedades, pero había un gran problema: no existían papeles ni documentos que acreditasen la pertenencia de estas tierras. Esta situación provocó una serie de pleitos en los que la elocuencia del discurso era determinante para que les devolvieran sus propiedades.

Este es el momento en el que nace la retórica, la disciplina que se ocupa de estudiar las técnicas y procedimientos para utilizar el lenguaje con un fin persuasivo, es decir, aprender a expresarse de manera adecuada para lograr convencer a quien te escucha.

Aristóteles en su libro "Retórica" recoge los tres pilares fundamentales de un buen discurso persuasivo y que nos va a permitir alcanzar con nuestra argumentación nuestro objetivo: *"ethos"*, *"pathos"* y *"logos"*.

Cuando construimos nuestro mensaje para una presentación o una entrevista de trabajo, tenemos que tener presente estos tres conceptos.

El *"ethos"* tiene que ver con la credibilidad que transmitimos y con la autoridad desde la que hablamos. Cuando relatamos nuestra experiencia profesional, los logros conseguidos a lo largo de esa trayectoria y demostramos nuestras competencias, estamos reforzando nuestra reputación y sobre todo vamos a transmitir confianza en la persona que tiene que decidir nuestra contratación. A no ser que llegues a un proceso de selección gracias a tu reputación profesional o a una recomendación, deberás demostrar que dominas el tema y transmitir seguridad con tus palabras.

Cuando comunicas, controla las pausas, eligiendo las palabras adecuadas y cuidando la expresión corporal. Mirar a los ojos a la persona que tenemos enfrente, practicar la escucha activa, asentir cuando la otra persona habla, o acompañarnos de las manos para reforzar nuestro mensaje, son aspectos que van a ayudar a proyectar confianza y seguridad. No olvides que la persona que te contrata quiere estar segura de que su decisión es la acertada y que puede confiar en ti.

Mi jefe montó hace un año una sala de escape. Necesitaba una persona que fabricase determinadas piezas para los decorados, y que si alguna se rompía pudiese arreglarla. Como sabe que trabajo con personas en desempleo me preguntó si por casualidad conocía a alguien que cumpliera con el perfil. ¡Carlos!, contesté de inmediato. Llevaba unos meses acompañándolo en su búsqueda de empleo y había recuperado en este tiempo la confianza en sí mismo. Escultor de cuarenta y ocho años, los últimos tres en desempleo, prácticamente había renunciado a encontrar un trabajo "de lo suyo" antes de entrar en el programa.

Además de contar con mi recomendación, Carlos hizo una entrevista de diez. El trabajo que había realizado en los meses anteriores para ganar en autoconfianza se percibía cuando recordaba sus logros, sus esculturas y sus trabajos anteriores. Había conseguido hablar de sí mismo sin titubear, con seguridad, orgulloso de lo que era capaz. En la entrevista se centró en contar su experiencia profesional realizando decorados y figuras para centros comerciales. Se llevó una *tablet* para mostrar todos sus trabajos y fue así como se ganó la confianza de mi jefe.

Los argumentos referidos al *pathos* tienen que ver con lo afectivo, lo que aporta emoción al mensaje. A través de metáforas, de anécdotas y sobre todo de historias narradas en primera persona, conseguimos conmover a quien nos escucha. Seth Godin, dice en su blog, que *"no son los hechos los que cambian el comportamiento de la gente. Es la emoción la que cambia su comportamiento. Son las historias y los impulsos irracionales los que cambian el comportamiento"*.

En la película "En busca de la felicidad" (2006), un bigotudo Will Smith interpreta a Chris Gardner, un padre en desempleo que se presenta a una entrevista de trabajo. Cuando lo llaman para la cita, no se encuentra en su mejor momento y no le da tiempo a prepararse. He transcrito el diálogo de la escena donde Will Smith comienza la entrevista contando una historia que consigue conmover y persuadir a las personas que están realizando la selección:

—Soy Chris Gardner. ¿Cómo está? Buenos días (estrechando la mano a los seleccionadores). He estado pensando durante media hora una historia que explique por qué estoy vestido así. Y quería inventar algo que demostrara cualidades que ustedes seguro que admiran como seriedad y diligencia, trabajo en equipo o algo así. Y no se me ocurrió nada. La verdad es que me arrestaron por no pagar unas multas de estacionamiento y vine corriendo desde la estación de policía.

—¿Qué hacía antes de ser arrestado?

—Estaba pintando mi piso.

—¿Ya está seca la pintura?

—Eso espero.

—Parece que fue el mejor de su clase en la escuela secundaria. ¿Entre cuántos alumnos?

—Doce. Era un pueblo pequeño. Pero también fui el mejor de mi clase en la Armada, éramos veinte. ¿Puedo decir algo? Soy el tipo de persona que si no sabe una respuesta le diré que no la sé. Pero le apuesto a que sé cómo encontrarla y que la encontraré. ¿Le parece justo?

—Chris, ¿qué diría si alguien se presenta sin camisa en una entrevista y yo lo contratara? ¿qué diría?

—Seguro que traía unos bonitos pantalones (risas)

La tercera pata del discurso persuasivo es el *"logos"*, la estructura del discurso y todo aquello que puede reforzar el mensaje desde el prisma de la razón. Cuando hablamos de nuestras destrezas, habilidades y conocimientos lo hacemos de manera lógica y ordenada, y además lo ilustramos con ejemplos que demuestran que contamos con esas competencias.

De nada sirve que acudas a una entrevista con una recomendación, que tu presencia y tu lenguaje no verbal transmitan confianza y que le pongas emoción a tu discurso, si lo que cuentas no está bien argumentado y no lo apoyas con ejemplos que muestran lo que puedes hacer por la empresa.

Por lo tanto, ya puedes empezar a preparar tu historia, comprometiéndote con lo que cuentas desde la honestidad, llegando a emocionar a quien te escuche y siempre argumentando con lógica.

Como dice Leire, compañera de Lanzaderas y amiga, buscar trabajo es como buscar pareja. Durante el momento del "cortejo", desplegamos las alas, mostramos nuestra mejor versión y recurrimos a todas las estrategias con las que contamos para conquistar a la otra persona. Ahora es el momento de "enamorar" a las empresas.

* * *

Aprende a contar historias
Sin emoción no hay amor. Apelar a las emociones a través de las historias es uno de los recursos que tenemos al alcance cuando acudimos a una entrevista de trabajo y queremos diferenciarnos. La técnica del *storytelling*, muy utilizada en *marketing*, consiste precisamente en el arte de contar una historia con el fin de conectar emocionalmente con las personas.

César Castro, experto en *Storytelling* Estratégico, cuenta en una de sus ponencias que en 2009 un periodista del New York Times hizo un experimento en el que compró en Ebay 200 objetos muy variopintos. Les pidió a sus amigos que cogiesen los objetos y se inventasen una historia en torno a ellos. En la compra inicial, el periodista se gastó 500 dólares, y volvió a subir los mismos objetos de nuevo pero cada uno con su historia. Los consiguió vender por más de 8.000 dólares.

Trataba de demostrar que la gente compra historias, que aportan un valor diferencial y que añaden ventajas competitivas. Todo el mundo sabe contar historias, lo importante es aprender a utilizarlas como una herramienta en nuestra estrategia para búsqueda de empleo. Cuando hablas de tu experiencia profesional, de tus competencias, de tus habilidades y destrezas, si en vez de enumerarlas una tras otra creas una historia, vas a conectar con la persona que te escucha, te va a diferenciar y va a facilitar que te recuerden. Al final de una charla, una presentación o una entrevista de trabajo, las historias se recuerdan, los datos no.

Esther Torres, experta en comunicación con la que he colaborado en alguna ocasión, comienza su presentación en los talleres haciendo un recorrido por su trayectoria profesional en los servicios informativos de diferentes canales como especialista en planes estratégicos de comunicación. En un momento de su discurso cuenta que ella fue una de las primeras escaladoras vascas que participó en expediciones al Himalaya y a los Andes. Te preguntarás qué tiene esto que ver con el taller de comunicación que va a impartir, pues lo cierto es que esa historia de su presentación es lo que la diferencia, al margen de otras muchas cosas. Seguramente no recordaremos, pasado un tiempo, en qué televisiones trabajó o a qué empresas ayudó con su comunicación, pero cuando cuenta con esa pasión la historia de su expedición al Nun, logra conectar con su audiencia y todos la recordamos como "la escaladora".

Las historias las podemos adaptar a nuestro *"Elevator Pitch"*, del que hablo más adelante, a una presentación o incluso podemos recurrir a ellas en entrevistas de trabajo. Ayudan a suprimir barreras con la persona que está seleccionando y a conectar con ella.

En esos momentos en los que estás buscando trabajo, te harán preguntas como éstas:

¿Cómo eres como profesional?

¿Por qué te parece interesante esta oportunidad?

¿Cómo te ves en el futuro?

¿Cuáles son tus logros?

¿Qué puedes aportar a esta empresa?

¿Por qué debemos elegirte a ti?

La historia que prepares y ensayes debería contestar a estas cuestiones centrada en dos o tres mensajes fuerza y si es posible con una frase que se pueda recordar.

Si te acercas a mi perfil de *LinkedIn* encontrarás en el apartado "Acerca de" el relato que suelo utilizar en mis presentaciones:

"Haber estado en desempleo me ha permitido conocer perfectamente cómo te sientes, qué piensas y sobre todo qué necesitas tras la pérdida de un trabajo.

Hace unos años descubrí que contaba con un "super poder": al trabajar con personas acompañándolas en su búsqueda de empleo, conseguía que mejoraran personal y profesionalmente. Además, esto me enriquecía, puesto que al mismo tiempo que ayudaba a otros en conseguir sus objetivos, yo también crecía, y ese es mi ÉXITO.

Veinticinco años de trayectoria profesional vinculada al mundo de la comunicación y de la formación para el empleo y el emprendimiento. Acompaño a las personas en desempleo para que mejoren su empleabilidad facilitando herramientas que multipliquen sus oportunidades de encontrar un empleo con resultados positivos. No solo consiguen un empleo, sino que, además, muchas de estas personas, han encontrado el objetivo profesional que llevaban tiempo buscando.

A través del coaching y de la orientación, entrenamos competencias y localizamos las fortalezas que van a diferenciar a los candidatos ayudando a potenciar su marca personal...

...Siempre escuchando y aprendiendo. Actualmente disfruto como coordinador de programas de innovación social para el empleo y me veo trabajando en proyectos similares durante muchos años porque me queda mucho por aprender y muchas personas a las que acompañar. ¿Colaboramos?".

Cuando contamos una historia, el cerebro de quien nos escucha, comienza a generar una serie de hormonas que van a facilitar la conexión. La oxitocina es la responsable de la empatía, y es evidente que si eres capaz de empatizar con la persona que te está seleccionando, y esta lo hace contigo, la relación que se crea va a ser más sólida.

La otra hormona es la dopamina, la culpable de que sintamos curiosidad. Cuando alguien comienza una historia estamos deseando conocer el final y esto consigue mantener la atención y potencia el recuerdo. El cerebro no soporta que le dejen a medias y recuerda mejor la información relativa a tareas inacabadas. Se conoce como *"Efecto Zeigarnik"* y se utiliza mucho en cine y publicidad gracias al suspense.

* * *

Elabora tu discurso

Ya sabes contar historias que conecten y cómo persuadir a las personas que contratan. Ahora solo te queda elaborar tu propio discurso.

Recoge todo lo que has trabajado en los pasos anteriores, tus fortalezas, competencias, habilidades, tu propósito, y sobre todo tu objetivo profesional. Ahora que te conoces perfectamente y sabes lo que quieres, necesitas comunicarlo. Para ello, tienes que elaborar ese discurso que permita presentarse en el momento en el que surja la oportunidad de hablar de tu perfil profesional.

Tu discurso tendrá una base que se adaptará a cada situación. Hay momentos en los que la comunicación será verbal y formal, como en una entrevista de trabajo; puede ser también verbal pero informal, como en un encuentro con alguien cercano tomando un café o una cerveza y que está en situación de ayudarnos o recomendarnos; y puede ser por escrito, como en el encabezamiento de un currículum o en una carta de presentación.

Aunque cambie el formato o la situación, la esencia de tu marca ha de estar siempre patente en el discurso. La duración de esta presentación también va a variar en función del momento. Es conveniente que ensayes discursos donde en medio minuto seas capaz de impactar con tus fortalezas y con lo que aportas, lo que se conoce como "*Elevator Pitch*" y que viene a ser lo que dura una conversación en un ascensor.

Este breve discurso es también el que vas a utilizar en el párrafo de presentación en el encabezamiento de tu currículum, así como en las biografías, extractos o descripciones de tus redes sociales. Las "bios" de *Facebook, Twitter* e *Instagram* o el apartado "Acerca de" en *LinkedIn*, te ceden un espacio para que puedas incluir tu mensaje persuasivo y diferenciador y demuestres tus competencias y tu actitud.

Hay momentos en los cuales necesitas un discurso más largo que puede durar entre uno y cinco minutos y que debes ensayar. En una entrevista de trabajo, en un foro de empleo o en un evento donde estemos haciendo *Networking* (veremos más adelante en qué consiste este concepto), normalmente dispones de más tiempo para hacer una presentación y no es bueno que quede corto y que parezca que no tienes mucho que contar. Aquí es donde puedes poner en práctica lo que ya sabes del *storytelling* para contar tu historia de una manera que conecte y que llame la atención.

Puedes aprovechar para hacer un recorrido por tu carrera profesional utilizando como guion tu currículum, destacando tus logros, centrándote en tus fortalezas y, sobre todo, que quede muy claro todo lo que puedes aportar a la empresa con tu contratación. Es aquí donde puedes marcar la diferencia.

* * *

AIDA te ayuda con el mensaje

Yo vengo del mundo de la comunicación y la publicidad, y recuerdo que durante la carrera aprendimos a utilizar el modelo AIDA para construir mensajes persuasivos. La palabra AIDA es un acrónimo compuesto por las siglas de los conceptos "atención", "interés", "deseo" y "acción", cuatro pasos para elaborar el mensaje.

Tu discurso ha de comenzar llamando la atención de quien te lee o escucha, despertar su curiosidad. La atención se otorga a aquello que tiene que ver con nuestra persona por lo que una forma de empezar puede ser con una pregunta que implique a la otra persona: *"¿Estás buscando empleo?"* o *"¿Quieres saber cómo mejorar tus ventas?"*. Recuerda que tu misión en este momento es administrar con tu comienzo oxitocina y dopamina para que estas hormonas hagan su trabajo de conectar y generar curiosidad.

La experta en *LinkedIn* Inge Sáez, a la que en varias ocasiones hemos invitado a los programas de empleo, se presenta en su perfil diciendo quién es, a qué se dedica y utiliza una pregunta dirigida a una potencial clientela para llamar su atención:

"Inge Sáez. Marketing EN LinkedIn ¿Quieres DIFERENCIARTE y generar NEGOCIO a través de Estrategias en LinkedIn® y Social Selling?"

Si tienes una empresa, has emprendido o tienes idea de hacerlo, o bien estás en búsqueda o mejora activa de empleo, seguro que esta llamada de atención te anima a seguir en su perfil para descubrir qué te puede aportar Inge utilizando *LinkedIn*. De esta forma ya ha conseguido su primer objetivo.

También puedes utilizar frases sorprendentes que impactan como *"3 de cada 4 ofertas de empleo están ocultas y si me escuchas un momento te diré cómo encontrarlas"*. Seguro que despierta tu curiosidad, por cierto, el dato es real.

El siguiente paso consiste en despertar el interés. Tienes que hacerlo con una oferta que satisfaga las necesidades de la empresa o si estás en una entrevista de trabajo, que tu propuesta cumpla con aquello que están buscando. En esta oferta es donde tienes que incluir los puntos fuertes que te diferencian, pero no te pases, con tres o cuatro serán suficientes.

Si te fijas en el perfil de Inge, esta es la oferta que hace en su presentación donde deja bastante claro a quién se dirige y todo lo que puede ofrecer con su trabajo:

"Me dedico a ayudar a profesionales como tú, directivos o dueños de su negocio a generar más negocio en sus empresas y ganar más clientes USANDO LinkedIn para ello. Te ayudo a DESTACAR frente a la multitud a través de tu perfil y de ESTRATEGIAS de marketing y venta aplicadas en LinkedIn®.

Te enseño a usar LinkedIn para que consigas CLIENTES mes a mes, para que tengas una MARCA profesional que te diferencie de tu competencia y haga que tus clientes TE QUIERAN ♥ (a ti, y a tu empresa).

Suena bien, ¿verdad? Créeme que es posible. No es magia, es ESTRATEGIA, SISTEMA y acción".

Si haces como Inge, habrás conseguido despertar el interés, ahora toca generar el deseo para que te contraten. Va a depender de tu capacidad para convencer a través de la demostración de lo que sabes hacer y los beneficios que proporciona tu contratación. Aquí puedes relatar alguno de esos logros que muestran lo que puedes conseguir con tus conocimientos y habilidades. Inge nos explica el método que ha desarrollado para llevar a cabo su trabajo y cómo lo hace:

"No creo en el Spam, ni en la venta agresiva. Tampoco en la comunicación solo de pago (publicidad) SIN reputación que avale esos anuncios.

He creado el MÉTODO C.R.A.C. que enseño y aplico = "Primero has de ser Conocido (VISIBILIDAD) para pasar a ser Reconocido (RELEVANCIA) y después Admirado (REPUTACIÓN). Entonces serás Comprado"

Te enseño vía formación online, o asesoría grupal o individual".

Ya solo nos falta un final, encontrar un cierre a nuestro discurso que motive a la acción, y que el mensaje cumpla con su función: que te contraten. Puedes incluir una frase que deje abierta la posibilidad de una próxima reunión, facilitando tu tarjeta o tu contacto, o si estás en una entrevista de trabajo, mostrando interés por el siguiente paso del proceso de selección.

Así es como cierra Inge su presentación:

"Siempre he creído que todos somos únicos y que cada uno tiene su "propio lugar" en el mundo. Quiero ayudarte a ti y a tu empresa a contar tu historia, a atraer a tus clientes (los buenos, los de verdad, los fieles), a que quien cuente tu historia seas TÚ.

Si quieres desatar el poder de LinkedIn en 2020 y participar en mi programa escríbeme a info@ingesaez.es".

Resumiendo. Tu mensaje tiene un comienzo que llama la atención. Una parte central donde con dos o tres argumentos de tus puntos fuertes generas interés para provocar el deseo de contratarte. Aquí demuestras lo que eres capaz de aportar ofreciendo la solución a un problema. Termina con una llamada a la acción, contratarte o seguir en contacto para continuar en el proceso de selección.

Es importante ser consciente de que cuando una empresa busca un perfil concreto y abre un proceso de selección es porque tiene una necesidad. Tienes que ser capaz de convencer con el discurso de que tú eres la solución a su problema.

Recuerda algo muy importante: eres lo que comunicas y cómo lo comunicas. Debes demostrar honestidad y compromiso con lo que cuentas;

puesto que tu marca personal y profesional, depende de ello. Debes elaborar un discurso que te defina y con el que te identifiques, la autenticidad es lo que te va a permitir conectar y diferenciarte.

* * *

Háblame de ti

Este es uno de los momentos que más tememos en cualquier entrevista de trabajo. Muchas veces la persona que te entrevista con la intención de conocerte mejor, plantea esta pregunta abierta. Si no la has ensayado antes, puedes caer en el error de aburrir a la otra persona con detalles superfluos y perder la oportunidad de demostrar lo que eres capaz de aportar al puesto de trabajo con tus competencias.

Como somos personas con más de cuarenta años y nuestra experiencia profesional es bastante extensa, tranquilidad, este no es el momento de contar la película de tu vida. No quieren escuchar punto por punto tu trayectoria laboral ni conocer detalles de tu vida personal.

Todos los trabajos que has tenido, las empresas por las que has pasado y las funciones que has desarrollado, están perfectamente recogidas en el currículum y la persona que está seleccionando ya los conoce, por lo que cuando llegue el momento de esta pregunta, tendrás que demostrar que tus habilidades y competencias coinciden exactamente con los requisitos de la oferta.

Es el momento de poner en práctica el mensaje que llevas tiempo ensayando.

* * *

Conversación en el ascensor

Después de 4 meses, como participante en un proyecto de empleo, y tras realizar un gran trabajo de diagnóstico y autoconocimiento; Sonia tenía perfectamente claro su objetivo profesional. Licenciada en Derecho, había trabajado como directora técnica procesal en diferentes juzgados, experta en género, particularmente en la violencia contra las mujeres. El reto profesional que se había marcado era trabajar en un despacho que tratara estos temas con especial delicadeza.

Dedicamos un tiempo a preparar su discurso de presentación donde en menos de un minuto contaba quién era, qué hacía y, sobre todo, qué podía aportar diferente a lo que otras abogadas podían hacer. Lo ensayó varias veces frente al espejo y delante del equipo durante días, hasta que interiorizó el mensaje que quería trasladar.

Como cada lunes, Sonia acudía aquel día a la tertulia radiofónica en la que participaba desde hacía dos meses, y fue la casualidad, el destino o como consecuencia de todo el trabajo que había realizado, lo que la llevó a coincidir en el ascensor con una antigua compañera de universidad.

Cuando esta compañera le preguntó qué era de su vida y qué estaba haciendo, a Sonia le salió de manera natural esa presentación que tantas veces había ensayado. Duró exactamente los ocho pisos que tardó el ascensor en llegar a la planta baja. Su compañera la miró, sonrió y le dijo: *"Pásate mañana por mi despacho, estamos en este mismo edificio y hablamos. Estamos buscando una persona con tu perfil"*. Sonia lleva más de dos años defendiendo a mujeres en este despacho y por fin ha conseguido alcanzar su objetivo.

El *Elevator Pitch* o *Elevator Speech* viene a ser un discurso de presentación exprés, una herramienta que se utiliza para presentar un proyecto con el fin de persuadir a clientela, accionista o inversionista, en el tiempo que dura un viaje en ascensor. Suele durar entre cuarenta y cinco segundos y un minuto, y ese es el tiempo que tienes para trasladar el valor que puedes aportar a una empresa.

En este video de la Obra Social "La Caixa", puedes ver varios ejemplos:

https://www.youtube.com/watch?v=2b3xG_YjgvI

Un encuentro casual en el ascensor con una antigua compañera, una feria de empleo, o coincidir con alguien responsable de recursos humanos en un evento de tu sector, se puede convertir en una oportunidad laboral si lo has preparado. Seguro que, si prestas atención, van a ser muchas las ocasiones que vas a tener para presentarte, comunicar lo que haces, cómo lo haces y qué valor diferencial aportas. Utiliza un lenguaje siempre en positivo y con la naturalidad de una conversación cotidiana, algo que se consigue tras ensayar varias veces.

Sonia no dudó en pedir a su amiga el teléfono y quedó en pasarse al día siguiente sobre las 10.00 por el despacho. Había conseguido una entrevista de trabajo en menos de un minuto y en un ascensor.

Como hizo Sonia, pedirás el nombre, el teléfono o el email a la otra persona si lo desconoces, agregarás el contacto a *LinkedIn* y enviarás un mensaje de agradecimiento, de tal manera que el contacto continúe.

* * *

Contacta con tacto

No es necesario esperar un encuentro casual en un ascensor para dar con una oportunidad. Cuando tenemos más edad y mayor experiencia laboral, jugamos con ventaja con respecto a la juventud, nuestra agenda de contactos es más amplia. No es necesario esperar a los encuentros casuales, los podemos provocar.

Cuando me quedé sin empleo, una de las primeras tareas que me propuse fue hacer un listado de aquellas personas que me podían ayudar en mi vuelta al mercado laboral. Cogí la agenda del móvil, y uno a uno fui apuntando todos los contactos de familiares, amistades o antiguos compañeros y compañeras de trabajo a los que les comuniqué mi situación, qué es lo que estaba buscando y cómo me podían ayudar. Hubo contactos a los que llamé por teléfono y con otros quedé personalmente para contarles que estaba buscando trabajo. Cuantas más personas sepan que estás buscando un empleo, más oportunidades te van a llegar, el desempleo no se esconde, no es vergonzoso, hay que comunicarlo y hacerlo visible. Así lo destaca Patricia, una de las participantes que he tenido la suerte de acompañar.

"Algo muy importante son "los contactos". Super importante. Antes, me hubiera muerto de la vergüenza, ahora sé que es esencial aprovechar determinadas circunstancias o situaciones para decirle a alguien que estás buscando trabajo o que quieres cambiar".

Un buen amigo me dio un consejo mientras tomábamos una cerveza. Le conté mi situación, que me habían despedido y que estaba bastante desesperado. Me dijo lo siguiente:

"Dile a todo el mundo que estás buscando trabajo, cuéntales lo que sabes hacer, pero nunca trates de dar pena, aunque estés hecho polvo, muéstrate siempre con actitud positiva".

Nadie te va a recomendar por lástima, lo van a hacer porque saben que tienes ganas de trabajar y por tu profesionalidad. Pero es muy importante que sepan que estás buscando trabajo para que te puedan ayudar.

Amplía tu red de contactos también de manera más formal. No solo tienes que echar mano de esa agenda de contactos de amistades, si acudes a foros de empleo, cursos o a eventos de tu sector, puedes conocer muchas personas que te van a ayudar a encontrar trabajo.

El *Networking* es una técnica para ampliar la red de contactos profesionales con intereses o actividades comunes, que permite generar sinergias y, en tu caso, oportunidades laborales. No solo es posible conocer a profesionales de tu sector con quienes colaborar e intercambiar conocimientos, también te das a conocer como profesional y, sobre todo, te da acceso a muchas de esas ofertas de trabajo ocultas de las que hemos hablado anteriormente.

Blanca acudió a un foro de empleo con la intención de contactar directamente con la responsable de recursos humanos de una empresa que se acababa de crear. No sabía si tenían intención de contratar personal, aun así, acudió con currículum en mano y su *"Elevator Pitch"* preparado para impresionar a la empresa con todo lo que podía aportar. Esperó su momento, se acercó y puso en práctica esa presentación que había ensayado. En menos de dos minutos le estaban pidiendo el currículum y un mes después estaba trabajando en las nuevas instalaciones de la compañía. No hizo falta una oferta publicada en un portal de empleo, Blanca fabricó su oportunidad.

Esto es *Networking*. Congresos, foros de empleo, charlas, cursos o talleres, son los lugares donde debes relacionarte con profesionales de tu sector y hacer esos contactos tan necesarios para tu búsqueda de empleo.

Por supuesto que también existe el *Networking* online y más en estos tiempos en los que la pandemia ha limitado los encuentros presenciales. La red de contactos profesionales por excelencia es *LinkedIn* donde a través de su buscador puedes encontrar profesionales con los que contactar e intercambiar contenidos.

Es importante que contactes con tacto. Si acudes a un congreso o a una charla en la que ha participado alguien que te puede ayudar, no dudes en conectar lo antes posible enviando una felicitación por su intervención y comenzando así una relación en las redes que en cualquier momento se puede convertir en una oportunidad laboral.

Se trata de crear relaciones, no de conseguir contactos a los que enviar el currículum para pedir trabajo. Si la persona con la que contactas se interesa por ti, mirará en *LinkedIn* donde seguramente tendrás toda tu experiencia laboral, tus conocimientos y tus logros profesionales actualizados.

* * *

Tu currículum eres tú. La triple A
El currículum es ese documento donde queda plasmada tu identidad profesional, y es la primera impresión de tu marca en un proceso de

selección, donde vas a destacar tus competencias, habilidades y conocimientos, así como tu experiencia profesional. Tienes la oportunidad de recoger aquí tus logros y convencer de que eres la persona que están buscando. El objetivo de un curriculum es pasar el primer filtro para llegar a la entrevista y esto lo tienes que tener siempre presente cuando diseñes el tuyo. Al igual que en una comunicación lo importante no es lo que se emite sino lo que se recibe, en un currículum lo importante no es lo que quieres contar sino lo que la otra persona quiere escuchar.

Para las personas que tenemos una amplia trayectoria profesional, es preferible utilizar dos hojas, con buen tamaño de letra y márgenes, que concentrarlo en una sola hoja donde la información se amontona y pierde atractivo. La responsable de Recursos Humanos, Paola Salanueva, comenta en sus talleres que está cansada de recibir "currículums esquela", currículums sin color, tristes y que generan rechazo.

Para evitar esto, tu currículum debe aspirar a conseguir la Triple A, es decir, "Atractivo para quien lo lea", que "Aporte valor," y "Adaptado a la oferta de trabajo". Si eres capaz de diseñar un currículum así, es muy probable que te abra la puerta de futuras entrevistas.

* * *

Atractivo para las empresas

Te presentan una persona y en medio segundo, sin saber muy bien porqué, ya estás haciendo una valoración sobre ella. Su tono de voz, sus gestos o su sonrisa, son suficientes para catalogarla a primera vista. Lo mismo ocurre con tu currículum. Un diseño atractivo es fundamental para causar una primera buena impresión para lo que, como dijo Oscar Wilde, "nunca hay una segunda oportunidad".

Son muchos los currículums que llegan a las empresas y pocos los que entran en los procesos de selección. El valor de un currículum no viene definido solo por el contenido, sino también por su presentación. El 95% de los currículums son prácticamente iguales visualmente, aprovecha esta oportunidad para diferenciarte dando importancia a la estética. Tu currículum eres tú, la imagen que quieres transmitir, así que cuídala.

De media, los departamentos de selección disponen de quince segundos para ver tu currículum por lo que debes ponérselo fácil y atractivo.

No olvides que el currículum es el primer canal de comunicación no verbal que se activa en un proceso de selección formal, y la sensación que causes en la persona que selecciona, hará que vayas a la carpeta de los preseleccionados o a la papelera de reciclaje. Es fundamental que de un vistazo localice aquellos contenidos que nos interesa resaltar, y ¿cómo lo hacemos?

Con un diseño atractivo, limpio y sencillo. Facilitando la lectura y centrando la atención en aquellos aspectos que son importante para el puesto al que te presentas. A menudo caemos en el error de querer contarlo todo en un currículum y el resultado es un documento de dos páginas lleno de palabras, sin márgenes que no invita a su lectura.

Escribir a una cara, cuidar la ortografía y que la fotografía sea actual y profesional, son algunos de los requisitos básicos de un currículum.

También es importante que elijas una tipografía clara como Garamond, Helvética, Calibri, Arial o Didot, con un tamaño que oscile entre 9 y 14 puntos en función de si son títulos o texto. Eso sí, nunca utilices más de dos fuentes diferentes y siempre que sean complementarias.

Para conseguir un mayor impacto visual y romper con la monotonía del negro, puedes utilizar otros colores como azul o verde en diferentes intensidades si quieres resaltar algunas palabras clave, pero nunca más de dos colores diferentes y siempre sobre un fondo blanco.

Otro recurso visual son los iconos para utilizar en el apartado de datos de contacto o para destacar tus redes sociales. Los puedes encontrar gratis en la web www.flaticon.es

Junto a la fotografía de mi currículum he colocado un código QR que al escanearlo redirige a mi blog. Este elemento, además de llamar la atención, te puede diferenciar de otros currículums www.codigos-qr.com/generador-de-codigos-qr

Una forma diferente, original y muy visual de presentar información, es la nube de palabras, figuras realizadas con aquellas palabras clave que te describen www.nubedepalabras.es

Si quieres añadir más imagen que texto a tu currículum, utiliza los logotipos de las empresas donde has trabajado cuando diseñes el apartado de "Experiencia profesional". Como el formato en el que mandas el currículum es PDF, puedes incluir hipervínculos que dirijan a las empresas en las que has trabajado o a logros que quieras mostrar.

Es necesario que dejes espacios entre apartados para facilitar su lectura, incluso puedes enmarcar en un cuadro cada sección. Utiliza la negrita para destacar aquellas palabras clave que se ajustan a los requisitos de la oferta, de esta manera le estás poniendo fácil el trabajo a quien lo ve. Ya tendrás tiempo en la entrevista para profundizar en aquellos detalles que puedan ser interesantes. El currículum es un guion, el guion de tu entrevista, así que tú decides lo que quieres que te pregunten.

Hay plantillas de currículums muy visuales que podemos localizar en Internet. Aconsejo la página www.canva.com donde puedes diseñar de manera fácil e intuitiva un currículum muy visual y atractivo.

Recuerda que la información debe aparecer siempre clara y estructurada, de nada sirve que tu currículum sea muy creativo y llamativo si quien lo lee no encuentra los datos relevantes que quieres comunicar.

Normalmente, las empresas no suelen recoger en mano los currículums debido a la ley de protección de datos. Si estás haciendo autocandidatura o te piden que envíes el currículum por correo electrónico, ten en cuenta lo siguiente:

—El formato del documento que envíes, carta de presentación o currículum, siempre en PDF. Este tipo de archivo además de que no se puede manipular, lo abren todos los ordenadores. Si lo enviamos en Word, quizá el ordenador de la persona que selecciona tiene otra versión y el documento se puede desconfigurar o lo que es peor, que no lo pueda abrir.

—La dirección de tu correo electrónico ha de ser profesional, si es posible que coincida con tu nombre y apellidos.

—El peso del documento que envíes no debiera superar los 2 MB, hay correos que no soportan archivos de más peso.

—Para evitar que tu correo llegue a la carpeta de spam, no hagas envíos masivos a diferentes empresas y personaliza cada *email*. No utilices mayúsculas en el asunto ni palabras como "URGENTE", solo debes poner "Currículum", tu nombre y si lo piden, la referencia de la oferta y la fecha.

—El archivo que envíes debe llevar tu nombre, y un pequeño truco es poner un "1" delante. Este detalle consigue que tu currículum se sitúe el primero en la carpeta donde la persona que selecciona se descarga todos los currículums.

* * *

Aporta valor

Las personas que te van a contratar no quieren leer tu biografía en un currículum. Seguro que es muy interesante, pero el propósito es demostrar lo que puedes solucionar a la empresa con tu contratación. Este es el punto de vista desde el que tienes que elaborar tu currículum, siempre pensando en el valor que puedes aportar.

En cada una de las secciones de un currículum puedes demostrar que eres la persona idónea para el puesto y que cuentas con todos los requisitos. Solo tienes que cuidar los detalles y destacar aquellos puntos fuertes que aportan tu valor diferencial en todos los apartados en los que se estructura un currículum.

La fotografía. En algunos países, sobre todo en el mundo anglosajón, no es obligatorio y puede ser incluso ilegal incluir foto en el currículum; pero si estás buscando trabajo en España, debes poner una fotografía actualizada. He hablado de este tema con personas que se dedican a la selección de personal, y algunas reconocen haber rechazado candidaturas por no incluirla en el currículum.

Una buena fotografía que transmita profesionalidad, seriedad o entusiasmo, aporta muchísimo valor a tu currículum, ya que es la primera impresión que la empresa tiene de ti. Lo importante es trasladar una imagen alineada a tu perfil y al puesto al que optas.

Siempre es mejor que la foto muestre una leve sonrisa que transmita amabilidad y confianza. Cuando te pongas delante del objetivo piensa en todo aquello que quieres comunicar con tu imagen. Cuida el vestuario y elige uno que coincida con el que la empresa espera de sus empleados, así que tendrás que investigar antes.

Evita que en la foto parezcas mayor de lo que eres. Recuerdo el currículum que mandó Pedro cuando solicitó entrar en el programa de empleo. Su fotografía le añadía casi 15 años a su edad real. Cuando acudió a la entrevista no era capaz de reconocerlo mirando su currículum, así que lo primero que hicimos fue actualizar su foto y Pedro logró quitarse unos cuantos años.

Datos de contacto. Este apartado es para facilitar que contacten contigo. Debemos incluir nombre y apellidos, código postal (solo si la oferta exige residir en una zona concreta), teléfono móvil, correo electrónico y redes sociales profesionales, con esto es suficiente. Tener un perfil profesional de *LinkedIn* actualizado donde puedan ver tus logros, un canal de *Youtube* o un *blog* donde visualicen tu trabajo, aporta muchísimo valor a un currículum y siempre enlazado con vínculos a internet para que puedan acceder desde el mismo documento.

También es interesante incluir si dispones de carnet de conducir y de coche propio.

El domicilio no hay que incluirlo, nadie te va a mandar una carta a casa para citarte a una entrevista, tampoco el DNI, y si en los requisitos no dice nada de edad, ¿a quién le interesa que tengas más de cuarenta? Tampoco tienen por qué saber tu estado civil o si tienes hijas o hijos.

Es interesante que debajo del nombre y apellidos pongas título a tu profesión, y lo más acertado es que coincida con el nombre del perfil de la oferta a la que optas.

Sobre mí. Se trata de un párrafo al inicio del currículum donde debes incluir un resumen de ese mensaje que has trabajado antes. Aquí te vas a presentar como profesional incluyendo tus puntos fuertes, las competencias y conocimientos acordes al puesto al que optas y, sobre todo, aquello que te diferencia y que aporta beneficio a la empresa.

Es un espacio donde puedes mostrar tu objetivo profesional y tus valores, y no olvides destacar las palabras clave más relevantes y que coincidan con las que recoge la oferta.

Este apartado facilita el trabajo a la persona que selecciona ya que de un vistazo sabe que cumples con el perfil y, además, te permite personalizar cada currículum.

Experiencia laboral. Se trata, probablemente, de la información central y más importante especialmente cuando tenemos bastantes años de experiencia laboral.

¿Estás aportando información sobre tu experiencia profesional en cuanto a empresas, cargos o puestos de trabajo ocupados? ¿Recoges las funciones que has realizado? ¿Y tus competencias? ¿Está adaptada la información a los requisitos de la oferta?

Nuestra experiencia es cada vez más transversal, de forma que dependiendo del sector de actividad o puesto al que queremos optar, debemos destacar más unas experiencias que otras. Seguramente hay datos de tu larga trayectoria laboral que tendrás que omitir dependiendo de la oferta a la que optes.

Si has tenido una larga carrera profesional sin interrupciones y si las funciones que has desarrollado han sido siempre en la misma área, lo más adecuado es que diseñes un "Currículum cronológico inverso". En este apartado tienes que citar las empresas donde has trabajado, las fechas correspondientes, el cargo y las funciones desempeñadas. Debes ordenarlas de tal manera que la experiencia laboral más reciente esté al principio, siempre que esté directamente relacionada con el puesto de la oferta.

Si los últimos empleos no tienen nada que ver con ese puesto, o has tenido momentos en tu vida laboral que has desarrollado otros trabajos o has estado en desempleo, puedes evitar las fechas y agrupar tu experiencia por sectores o por competencias. Muestra de esta forma tus capacidades y tus logros sin necesidad de detallar cuándo los obtuviste. En este caso hablamos de "Currículum funcional o por competencias". La estructura de este modelo no se basa en un criterio temporal, agrupa tus experiencias y tu formación basándote en las capacidades y habilidades que posees.

Mar quería dar un giro de 180º a su carrera profesional. Los últimos años había trabajado en puestos administrativos y de atención al cliente y acudía al programa de empleo buscando un nuevo objetivo laboral, "siento que este es mi momento de cambio", nos dijo en la entrevista. Quería trabajar como técnica de proyectos de cooperación, una tarea que llevaba años realizando de manera voluntaria.

Cuando elaboró su currículum, ordenó sus anteriores empleos cronológicamente, y en la experiencia profesional incluyó empresas y funciones que nada tenían que ver con su nuevo objetivo. Reclamación de quejas, tramitación de siniestros, o la introducción de asientos contables, no aportaban datos relevantes que demostrasen su capacidad para puestos de coordinadora de proyectos sociales.

En el apartado de "Otros méritos", al final del currículum, citaba su actividad de voluntariado en varias ONGs sin darle la importancia que merecía.

Como era consciente de que ese currículum no le abría puertas en aquellas empresas a las que se dirigía, decidió transformarlo en un currículum por competencias. Eliminó fechas, incluyó un apartado de "Aptitudes" donde recogía sus competencias comunicativas, su capacidad para formular proyectos o para resolver conflictos, y para demostrarlo, en el apartado de "Experiencia profesional" diseñó dos grandes bloques.

En el primero, como "Técnica de proyectos de cooperación y sociales", relató su experiencia laboral en empresas del Tercer Sector y las funciones que había desempeñado. Nadie tenía porqué saber que no había recibido un sueldo a cambio.

El trabajo de voluntariado es un trabajo que aunque no está remunerado, demuestra que has desarrollado tareas que exige el puesto y que cuentas con las competencias, es decir, que eres profesional. Si te encuentras en desempleo, colaborar en una asociación sin ánimo de lucro te permite estar en activo, sentirte útil, ampliar tu red de contactos y llenar esos espacios vacíos que tanto tememos en un currículum.

En un segundo apartado, Mar destacó su experiencia en tareas administrativas y atención al cliente, nombrando las empresas y las funciones que había realizado pero esta vez sin fechas.

Este currículum le ha abierto muchas puertas. Con un poco de ingenio y sin engañar a nadie, Mar ya podía demostrar que era una profesional preparada para optar a puestos como "Técnica de proyectos". De hecho, desde entonces no ha parado de trabajar en diferentes programas entre los que se encuentra el de coordinadora de "Lanzaderas de empleo".

Formación. Este apartado es muy importante para aquellas personas que tienen poca experiencia profesional o son jóvenes y carecen de ella. En nuestro caso, que contamos con una larga trayectoria laboral, también tiene relevancia, pero siempre ha de situarse por debajo de la "Experiencia profesional". Es el lugar donde debes demostrar que eres una persona preparada, actualizada y preocupada por la formación continua, características que las empresas valoran mucho y te pueden diferenciar de otros currículums que no se han interesado por reciclarse. Si en el momento de diseñar el currículum estás cursando formación relacionada con tu perfil, debes incluirlo.

Cuando la formación es extensa, debes destacar la más relevante, la más reciente y la que se ajusta al puesto al que optas. No olvides que el tiempo medio de valoración de un currículum es de tres segundos, y la persona que realiza la selección espera encontrar de un vistazo rápido que cuentas con los conocimientos necesarios.

Otra información de interés. Aquí debes incluir aquellos datos, logros o méritos que no hayas podido encajar en los anteriores apartados, y que también aportan mucho valor.

¿Incluyes información sobre idiomas y nivel?

¿Incluyes información sobre manejo de otro tipo de herramientas informáticas o técnicas?

¿Incluyes información sobre carnets de conducir, posesión de vehículo y posibilidad de ejecutar desplazamientos?

¿Incluyes información sobre el área geográfica en la que te mueves?

¿Incluyes información sobre tu disponibilidad?

¿Incluyes información sobre trabajos de voluntariado, coordinación de actividades sociales o deportivas?

Trabajar ayudando a las personas, realizar tareas sociales o entrenar a un equipo deportivo, ofrece información acerca de las competencias con las que cuentas. De poco sirve decir en tu currículum que sabes trabajar en equipo o que tienes capacidad de liderazgo si no lo demuestras. Beatriz entrenaba a un equipo de baloncesto infantil desde hacía muchos años. Solo con ese dato me pude hacer una idea de cuáles eran sus competencias.

* * *

Adapta tu currículum a cada oferta
Cada oferta a la que nos presentamos requiere un currículum diferente. No vale con tener un único diseño y utilizarlo para mandarlo a todas las empresas. Cada oportunidad laboral es diferente y seguro que demanda requisitos diferentes. Hemos visto que el currículum es nuestra carta de presentación y quedamos muy mal si a todas las empresas le decimos lo mismo en nuestra primera cita.

En mi caso, tengo tres modelos de currículum básicos. Uno para puestos relacionados con el sector de la comunicación y el *marketing*, otro para la enseñanza, y el tercero se centra en mi perfil como orientador laboral y *coach*. Aun así, cada vez que envío un currículum, lo adapto a cada oferta; de tal manera que las palabras que destaco son aquellas que coinciden con los requisitos de la oferta.

Es importante también que si hemos investigado a la empresa, adaptemos nuestro currículum y que recoja en algún lugar, como puede ser el "sobre mí", que comparto los valores y la visión de la compañía.

Como conocemos su "porqué", no solo "qué hacen" sino también en lo que creen, adaptamos nuestra carta de presentación o nuestro "sobre mí" que encabeza el currículum para explicar "nuestro porqué", cuáles son las razones que me motivan para trabajar en esa empresa. Las personas que nos entrevistan y que están seleccionando candidaturas, quieren personas que sean apasionadas de sus empresas, de sus porqués, de su propósito, causa o creencia, y que tengan la actitud que encaje en la empresa.

Cuando hablamos de customizar y de adaptar el currículum a la oferta de empleo debemos realizarlo de tal manera que cada currículum que enviemos sea único y le haga sentir especial a la persona que lo reciba. Las empresas están cansadas también de sentirse una más y necesitan sentirse exclusivas. Necesitan ver que la persona que aspira al puesto se ha detenido a estudiar y a observar la empresa en la que quiere trabajar. Algo tan sencillo como ir a la página web de la compañía y leer el apartado "Quiénes somos" donde se recogen los valores, la misión y la visión de la empresa, cuáles son sus socios, sus clientes, los sectores en los que trabaja, cuál es su filosofía, cómo viste el personal, todo esto supone una información valiosísima y que de alguna manera podemos demostrar que nos hemos molestado en saber más de su empresa.

Además de la web corporativa, *LinkedIn* es una red apropiada para este trabajo de investigación y, por supuesto, no debemos olvidar otras como *Facebook, Twitter o Instagram*. Por lo tanto, saca la lupa e investiga antes de enviar un currículum y, sobre todo, antes de presentarte a la entrevista.

Si enviamos un currículum que le haga sentir única a la persona que lo recibe, tendremos sin duda más oportunidades de no ser uno más. Lanzar el mismo currículum a todas las ofertas a las que nos postulamos da mucha información de nuestra actitud. Si hacemos esto, luego no podremos quejarnos de que las empresas nos traten como a uno más, si queremos diferenciarnos debemos ofrecer algo diferente.

Las ofertas de empleo, cuando aparecen publicadas, recogen una serie de requisitos para acceder al puesto. Si no queremos ser descartados en menos de cinco segundos, deberemos utilizar o bien la carta de presentación o bien un párrafo inicial en el currículum, el "Sobre mí", para demostrar, uno por uno, que contamos con esos requisitos.

Si dedicas tiempo para adaptar el curriculum a la oferta, tal vez la empresa te corresponda con una mayor atención que al resto de candidaturas.

Recuerdo el currículum de Isabel, participante de una Lanzadera de Empleo. Esta persona se encontraba en desempleo y llevaba tiempo siguiendo a una empresa en la que quería trabajar. Contaba con toda la información que había conseguido recopilar y antes de mandar un currículum genérico decidió esperar a estar perfectamente preparada y a que hubiese una oferta en firme. No quería desperdiciar oportunidades y pasar a formar parte de ese cajón que en las empresas llaman "Un currículum más".

Esperó hasta que llegó su oferta. Además de incluir y evidenciar en el párrafo inicial de su currículum que contaba con cada uno de los requisitos que se pedían para el puesto, utilizó el apartado de experiencia profesional para demostrar que contaba con esas competencias. La oferta pedía un perfil en *marketing* y comunicación y con experiencia demostrada en tres apartados: comunicación interna y externa, elaboración de memorias anuales, y haber trabajado en proyectos que tuviesen que ver con la RSC de las empresas (Responsabilidad Social Corporativa) y en concreto en alguna ONG.

¿No os ha ocurrido que entráis en un portal de empleo, leéis una oferta y pensáis "pero si soy yo a quien buscan"? Algo parecido le ocurrió a la participante cuando leyó los requisitos y comprobó que los cumplía todos. Incluyó en su experiencia profesional, resaltando en negrita, uno por uno, esos requisitos. Se limitó a recoger en su currículum tres experiencias profesionales que demostraban con sus funciones, sus proyectos y sus logros correspondientes que cumplía con cada una de las condiciones que proponía la oferta.

Además de una buena carta de motivación donde explicaba el "porqué" quería trabajar en esa empresa con la que compartía valores, visión y misión, confesó que la seguía desde hacía tiempo y relató las veces que se había visualizado trabajando allí. Su currículum era un trabajo hecho a medida para la ocasión.

Otro de los detalles visuales que evidenciaba este esfuerzo y la dedicación que la candidata había realizado, fue localizar los colores corporativos de la empresa, y utilizarlos para dar un toque de color a su currículum.

Este detalle puede o no ser percibido por la persona que recibe el currículum, pero en ambos casos el resultado es positivo. Si al ver el currículum percibe que el color es el mismo que el de la empresa, lo primero que va a pensar es que esa persona se ha tomado la molestia de investigar a la compañía, y de customizar y hacer un currículum único para la ocasión. Esto te diferenciará del resto de candidaturas.

Tal vez des con una persona despistada y no perciba el detalle. En ese caso no nos tenemos que preocupar. Aunque no sea consciente de ello su inconsciente está trabajando y sin saber por qué, sentirá apego por ese currículum ya que le parecerá cercano, familiar. Hay que pensar cuántas veces a lo largo del día esa persona habrá estado en contacto visual con la identidad corporativa de su empresa y con sus colores. No olvides que muchas de las decisiones a la hora de elegir una candidatura u otra son intuitivas y muchas de ellas tienen que ver con el hecho de que compartimos visión, creencias, valores e incluso colores.

* * *

Las competencias se tienen que demostrar

Trabajo en equipo, flexibilidad, curiosidad, adaptación al cambio, liderazgo o comunicación, son competencias que hoy demandan las empresas además de los conocimientos técnicos que requiere el puesto. En un proceso de selección nos encontraremos con personas que reúnen los requisitos básicos que exige el trabajo que vas a desempeñar, y es demostrando que cuentas con estas competencias, también llamadas habilidades blandas o *soft skills,* lo que te va a diferenciar del resto de aspirantes. Insisto en que las competencias hay que evidenciarlas en el currículum, en la carta de presentación o en lo que hemos llamado *Elevator Pitch*. No vale con citar que sabes trabajar en equipo o que eres una persona que sabe gestionar los conflictos. Es necesario que demuestres con ejemplos qué eres capaz de hacer y cómo lo llevas a cabo, tanto en un currículum como en una entrevista de trabajo.

El currículum de Nadia es impresionante. Ha trabajado en consultorías muy importantes desempeñando funciones en puestos de gestión de proyectos y estrategia. Sin embargo, su currículum era una sucesión de palabras y fechas, que no aportaban ninguna información al margen de los nombres de esas importantes empresas en las que había trabajado durante más de 12 años. Cuando comenzó a redactar el párrafo de presentación al inicio del currículum, le aconsejamos que las competencias que enumerase tenían que estar acompañadas o bien por algún logro personal o profesional o bien por una descripción de las funciones desempeñadas. Se trataba de que la persona que leyera su currículum pudiese ver que Nadia había aplicado esas competencias en su trabajo. No era suficiente con citar en su presentación *"Soy una persona seria, con talento para la organización y orientada a objetivos"*, había que demostrarlo. Por ello, además de detallar sus funciones en la gestión de proyectos y en la definición de planes estratégicos, añadió a su currículum que forma parte del Programa *Mentoring* de la Universidad del País Vasco, donde asesora y comparte su experiencia y conocimiento profesional con jóvenes a punto de licenciarse. Este dato aporta mucha información de las competencias de Nadia.

María dice en su presentación *"Destaco por mi destreza en la resolución de incidencias, trabajo en equipo y capacidad organizativa"*. Podía quedarse en esta frase tan bien escrita, pero no sería suficiente. La persona que debe decidir si contrata o no a María, necesita pruebas de que realmente cuenta con estas competencias. Lo que hizo María al igual que Nadia, fue detallar todas las funciones y añadir su experiencia como monitora de inglés y de tiempo libre durante más de cinco años. Si en una entrevista de trabajo dices que has sido monitora o eres entrenadora de un equipo infantil de baloncesto como Beatriz, estás aportando información muy valiosa que va a demostrar que cuentas con competencias como trabajo en equipo, resolución de conflictos, empatía, liderazgo, orientación al logro y capacidad de esfuerzo.

* * *

Aunque no lo sepas, estás en una entrevista

Volviendo a esa teoría del Iceberg que utilizamos para explicar cómo está el mercado laboral actual, podemos decir que, si el 80% de las ofertas no son visibles, el 80% de las entrevistas de trabajo que hagamos en nuestra vida también estarán ocultas.

Pensamos que las oportunidades laborales solo las vamos a encontrar en los portales de empleo que conocemos en internet como Infojobs, Infoempleo, Monster, o Hacesfalta.org, y lo cierto es que existen otros caminos para buscar trabajo.

Al día hacemos al menos cinco o seis entrevistas, aunque no seamos conscientes de ello y posiblemente si somos personas activas en redes sociales, sean unas cuantas más. Cada vez que subimos un comentario en *LinkedIn*, generamos un contenido en una red social, contamos a una amistad o persona conocida que estamos buscando trabajo, o acudimos a una charla, foro o evento y nos relacionamos, nos exponemos. No es necesario que nos citen formalmente en una empresa tras haber enviado el currículum para llegar a una entrevista, podemos conseguir la oportunidad de contar lo que somos capaces de hacer a través de otros canales.

Recuerdo hace unos años, en una charla de Adecco, donde precisamente el tema era "Cómo hacer una buena entrevista", uno de los asistentes se mostró bastante impertinente con la ponente en sus comentarios. La técnica de empleo, que además estaba impartiendo el taller de manera voluntaria, comenzó a sentirse un poco incómoda. Cuando alguien recriminó al asistente que con esa actitud no podía acudir a una entrevista de trabajo, él se levantó y dijo: "¡Es que ahora no estoy en ninguna entrevista!"

Hasta ese momento me había mantenido callado, pero como parte de la organización me vi obligado a intervenir y le dije: "¡Es cierto, no estás en una entrevista, estás en 120 entrevistas en este momento!" Ese era el número de personas que lo estábamos escuchando en aquella sala, ¿cuántas de las personas que allí estábamos lo hubiéramos recomendado para trabajar en nuestra empresa? posiblemente, ninguna.

* * *

Por fin has llegado a la entrevista

Llegar hasta aquí no es sencillo y si lo has conseguido es porque estás haciendo bien tu trabajo. Ahora tienes la oportunidad de demostrar que eres la mejor opción para el puesto, y debes acudir a la entrevista con convicción de ello.

Recuerda llegar puntual, ni muy pronto, ni por supuesto, tarde; con cinco minutos de antelación es suficiente. Tal vez necesitas ir un día antes para localizar la empresa donde vas a hacer la entrevista, y controlar el transporte y los tiempos.

Como has investigado a la compañía antes de la entrevista, ya sabes cómo esperan que sea tu vestimenta. Cuando me presenté a un puesto de cámara de televisión hace muchos años, me puse ropa cómoda e informal. Cuando llegué a la entrevista, había otro candidato esperando e iba vestido con traje y corbata. Unos meses después de que me dieran el trabajo, mi jefe me recordó aquel detalle. Le sorprendió que la otra persona se hubiese presentado con una vestimenta poco apropiada para un reportero de televisión.

La entrevista comienza en el momento en el que entras en la empresa y alguien te abre la puerta. Puede ser que la persona con la que te cruzas en el pasillo o coincides en el ascensor sea quien te va a entrevistar o la responsable de la empresa. La educación y una sonrisa siempre es una buena carta de presentación.

Cuidado con los olores. Tan molesto es el olor corporal como el exceso de perfume. Si usas alguno, que sea lo más suave y discreto posible. Y nada de ponértelo con los dedos o en las palmas de las manos: dejarías tu aroma impregnado en quien te va a entrevistar al saludarle, y puede que no le guste. El olfato está asociado a una de las emociones básicas más primitivas, el asco. Su función es alejarnos de lo que nos repugna, ya sea un alimento en mal estado o una candidatura en apuros.

El nerviosismo es algo lógico ante la posibilidad de obtener un empleo o un ascenso profesional, y quien te entrevista lo sabe tan bien como tú. Si realmente eres la persona idónea, un pequeño desliz no te hará perder el puesto. Acepta tus nervios.

Camina con la espalda recta y con paso seguro. Ni deprisa, ni despacio. Adopta una postura estable, abierta y simétrica. Nada de brazos cruzados ni manos en los bolsillos, siempre deben estar a la vista. Saluda con un apretón de manos firme y completo. No toques con la otra mano el brazo de quien te recibe, ni su hombro. Nada de palmadas amistosas, nada de besos ni de invadir su espacio de intimidad. No te acerques a menos de cincuenta centímetros, no dejes tu currículum sobre su parte de la mesa y todo irá bien.

Establece contacto visual y sonríe con amabilidad, también al resto de personas que te cruces al entrar o salir. A Patricia le costaba mucho mirar a los ojos de las personas y en las entrevistas perdía a menudo el contacto visual. Ella era consciente de que podía transmitir inseguridad, desinterés o incluso mala educación, pero no era más que timidez. Estuvimos preparando la entrevista que tenía al día siguiente y solo le pedí una cosa: que a la vuelta nos tenía que describir el color de los ojos de la persona que le iba a entrevistar y si llevaba pendientes que nos contase cómo eran. De esta forma la obligamos a mirar a la cara a la persona que tenía enfrente.

Durante el trabajo de investigación que has realizado previamente a la entrevista, has identificado las competencias profesionales que requiere el puesto. Prepara ejemplos de tu experiencia profesional que demuestren que cuentas con esas competencias y habilidades. Debes expresar hechos concretos, aquellos logros que apuntaste anteriormente donde presentabas un problema, las acciones que llevaste a cabo para resolverlo y los resultados que obtuviste y que supusieron un beneficio para la empresa.

Recuerda siempre la importancia que tiene la comunicación no verbal a la hora de transmitir ese mensaje, y no olvides que en una entrevista de trabajo el mensaje eres tú. Siente de verdad los valores y capacidades que deseas comunicar, y todo irá bien: tu cuerpo hablará por ti.

* * *

No permitas que tus miedos sean más grandes que tus sueños
Suena el teléfono, te citan para una entrevista de trabajo y todas tus emociones despiertan. Ilusión, alegría y optimismo se estimulan junto a otras emociones no tan gratificantes como miedo, incertidumbre, temor e incluso pánico.

Muchas personas consideran que el miedo es la emoción más importante que tenemos. El miedo fue lo que mantuvo vivos a nuestros antepasados y aunque ahora es difícil encontrarnos cara a cara con un depredador que nos pueda devorar, existen otros peligros de los que, gracias al miedo, nos mantenemos a distancia. Gracias a los mecanismos con los que contamos que detectan de manera inmediata el peligro, actuamos de manera urgente, aumentando nuestras posibilidades de supervivencia.

El miedo nos protege, pero también nos limita en nuestro día a día, y nos priva muchas veces de la posibilidad de avanzar o de cambiar.

Lo verdaderamente importante es aprender a gestionar esos miedos, miedos como los que surgen de lo más profundo de nuestra amígdala cuando estamos buscando un empleo y nos enfrentamos a una entrevista de trabajo. El miedo o nos paraliza o nos invita a salir huyendo. En ambos casos, se trata de una reacción fatal en una entrevista. Es importante dominar el miedo desde la razón, y si analizas qué es lo que realmente genera esa emoción, lograrás gestionarla.

En una entrevista de trabajo nos estamos exponiendo ante otra persona, y la visibilidad es peligrosa. Estamos vendiendo nuestro mejor producto, y no queremos que nadie lo dañe. Nos desnudamos ante una persona desconocida y tratamos de convencerla de que somos su mejor opción. Y, al igual que cuando hablamos en público, en una entrevista laboral, tenemos que ser capaces de conectar emocionalmente con quienes nos escuchan, hablar de cosas que les interesan y convencer. Como no tenemos costumbre de conectar emocionalmente con nuestros semejantes, situaciones de este tipo generan ansiedad y miedo. De hecho, como afirma el director de las charlas TED, Chris Anderson, hablar en público es uno de los mayores temores por delante del miedo a las serpientes, a las alturas e incluso a la muerte.

Ya ves que es normal sentir miedo en una entrevista de trabajo y seguro que ahora que ya sabes a qué se debe, vas a aprender a dominarlo. Usa tu temor como motivación para preparar la entrevista tantas veces como sea necesario. Mientras lo haces, aumentará tu confianza y tus miedos disminuirán.

* * *

La comunicación efectiva reduce el miedo
Cuando te sientas ante una persona que recluta, te encuentras frente a alguien que no conoces y que en ese momento tiene un poder sobre ti, el poder de contratarte.

Utiliza la comunicación efectiva para conectar, ya sea en una presentación, en una entrevista o en un encuentro cuando estés practicando *Networking*. Para ello, lo primero es tener claro el propósito de tu mensaje, dedica un tiempo a pensar para qué vas a hacer la entrevista, qué quieres trasladar a la otra persona.

Lo has ensayado y sabes perfectamente qué esperan de ti, es el momento de convencer y demostrar que eres la solución a sus necesidades. Recuerda cada vez que acudas a una entrevista que no estás ahí para pedir trabajo, la empresa te ha llamado porque necesita una persona que con su profesionalidad resuelva sus problemas.

En una entrevista la atención se centra en ti, y la atención equivale a peligro. No acapares todo el protagonismo y así evitarás ser el foco en todo momento. El 50% del tiempo de la entrevista escucha a la otra persona, te va a dar información muy interesante que te permitirá tener mayor control de la situación. Practica la escucha activa, ya que, si te tomas tu tiempo para escuchar, calmarás los nervios, el miedo irá desapareciendo, y responderás con serenidad.

El 30% pregunta, muestra interés, ponte en el lugar de la otra persona y demuestra empatía. Si con tus preguntas averiguas lo que buscan en el proceso de selección, podrás ofrecérselo.

El 20% del tiempo que queda es para ti, para que hables de tu trabajo y de lo que puedes aportar. Siendo consciente de la importancia que tiene para tu futuro más cercano cómo percibe la otra persona tu exposición, la situación puede provocar miedo. Si lo haces desde una comunicación efectiva, con asertividad, controlando el tono de voz y el lenguaje no verbal, conseguirás controlar esas emociones que te limitan.

Comunicas lo que tienes. Si tienes confianza en lo que eres y en lo que haces, tranquilidad, porque eso será lo que traslades.

* * *

Una actitud positiva multiplica tus opciones

Puede que la palabra que más veces aparece en este libro sea "actitud". Expresar en todo momento agradecimiento, interés e ilusión, es lo que te va a diferenciar de otras candidaturas.

De hecho, muchas personas acuden a las entrevistas de selección totalmente hundidas y deprimidas, con ese nubarrón del que ya hemos hablado, que las acompaña allá donde van. Ten siempre presente que a nadie le agrada mojarse y no se querrán acercar a ti. Ninguna empresa contrata personas tristes y negativas, siempre buscan candidaturas con actitud positiva.

El conferenciante y escritor Víctor Küppers nos ofrece en su libro "El efecto actitud" la fórmula para definir el talento de una persona. Las habilidades suman, los conocimientos suman, pero la actitud multiplica. Lo que realmente va a marcar la diferencia de tu valor como profesional es sin duda la motivación, el compromiso, la implicación y la ilusión que seas capaz de trasladar durante el proceso de selección. ¡Y cuidado! porque la actitud, si no es la esperada, también puede multiplicarse por cero y todo el mundo sabe lo que ocurre. Recuerda que las empresas buscan personas dispuestas no disponibles.

Debes tener presente que una actitud positiva no depende de la edad. Encontramos a diario personas mayores de cuarenta con tanta fuerza, emoción y capacidad para innovar que son ejemplo para la juventud.

Cualquiera que seleccione preferirá personas jóvenes de cincuenta que viejas de veintidós.

Mostrar una actitud positiva consiste también en evitar los aspectos negativos y reforzar los positivos reconociendo aquellos logros importantes que has conseguido anteriormente.

A una entrevista no vas a pedir, vas a dar. Esta es la actitud con la que tienes que acudir. Borja tenía una entrevista en una empresa de ingeniería para llevar las redes sociales y generar contenidos para la página web. Cuando comenzó a investigar a la empresa se dio cuenta de que la web estaba mal posicionada, y la apariencia y la usabilidad se podían mejorar. Habían cometido varios errores en sus redes sociales y los fue apuntando uno a uno. Cuando acudió a la entrevista fue con un documento además de su currículum, donde estaban anotadas todas las mejoras que podía realizar si lo contrataban. Por supuesto, consiguió el empleo.

Los conocimientos se aprenden, las habilidades se adquieren con la experiencia, y ¿qué ocurre con la actitud? Según Küppers también puedes aprender a desarrollar tu entusiasmo, y aunque hay personas que tienen un plus de motivación que les viene de serie, tienes píldoras suficientes en este libro para empezar a ver las cosas desde otro punto de vista y conseguir que tu actitud multiplique.

* * *

Sonrisa telefónica
Después de realizar entrevistas a cientos de personas, me toca llamar para comunicar si han sido o no seleccionadas. En alguna ocasión, al escuchar el tono y la actitud con la que me han contestado por teléfono, se me han quitado las ganas de decir que habían sido una de las personas elegidas.

Nunca contestes con desgana a un número desconocido si estás en búsqueda activa de empleo, puesto que detrás de ese teléfono puede estar la oportunidad que andas esperando. Puede que la llamada sea de alguna operadora telefónica que te quiere ofrecer un cambio de compañía, pero ¿y si quien te llama es la empresa a la que enviaste el currículum?

Si contestas con una sonrisa, aunque no te vean, sí que la van a percibir al otro lado de la línea telefónica. De esta forma vas a transmitir simpatía, ilusión y motivación, que es precisamente lo que los departamentos de recursos humanos están buscando en sus candidaturas. A menudo, en los procesos de selección, se hace esta llamada solo para comprobar qué actitud muestra la persona seleccionada y, en alguna ocasión, como me han llegado a confesar, ha sido la causa de un descarte.

Así que sonríe, porque, aunque al otro lado solo traten de venderte un cambio de telefonía, también te lo agradecerán.

* * *

Nunca pienses en últimas oportunidades
Seth Godin, escritor, filósofo y empresario, afirma que el miedo es la emoción más importante y domina las otras emociones. Propone una solución para canalizarlo que consiste en buscar "caminos múltiples" que generen diferentes maneras de ganar. Si eres capaz de generar múltiples oportunidades laborales, y no hay posibilidad de que una entrevista se convierta en "todo o nada", dejará de preocuparte por el lado "nada".

Un buen consejo es pensar que esa llamada o esa entrevista no es tu única ocasión para encontrar un trabajo. Seguro que van a surgir más oportunidades laborales, y en cada entrevista que pases te sentirás con más confianza.

Practica con personas conocidas del ámbito de los recursos humanos la dinámica de *role play*, representando una entrevista de manera que parezca real. No solo te va a servir para ensayar situaciones en las que te puedes encontrar, además, el grupo observador te va a dar *feed back* para que mejores tus respuestas y tu expresión corporal. También es buena idea presentarse a entrevistas de trabajo, aunque no se ajusten a tu perfil. La confianza, al igual que el miedo, también se autoalimenta.

* * *

Conviértete en un espejo
Las personas tendemos a asociarnos, a reunirnos, a juntarnos con quienes compartimos ilusiones, pensamientos, inquietudes, visiones de la vida, y que nos hacen sentir a gusto. Ese dicho popular de que los polos opuestos se atraen, no lo secundo. Si no hay conexión, algo que nos una, buscaremos otra persona afín con la que identificarnos. Generamos mejores relaciones con quienes tenemos más cosas en común.

En PNL (Programación Neuro-Lingüística), a este proceso de generar relaciones se le llama "reflejar" o "armonizar".

Cuando nos encontramos en una entrevista de trabajo, debemos hacer lo posible por conectar con la otra persona, buscar puntos comunes. Hay muchas maneras de armonizar, de crear relaciones. El intercambio de información por medio de palabras es la más común pero no la única.

Es importante buscar información de la empresa y, si es posible, de la persona que te va a entrevistar; porque si tienes la gran suerte de encontrar algún punto en común, ya sea una amistad, una afición o una asociación, tendrás mucho terreno ganado a tu favor.

Hace un par de años, un buen amigo que llevaba mucho tiempo en desempleo me pidió asesoramiento. Tenía una entrevista muy importante en unos días y quería prepararla. Después de darle unos consejos básicos relacionados con la vestimenta, la comunicación no verbal, la forma en la que tenía que hacer su propuesta de valor, insistí en que era importante descubrir quién lo iba a entrevistar.

Por suerte localizó su nombre con una simple llamada a una amiga que trabajaba en esa empresa, aunque eso no era suficiente. Le recomendé que mirase en redes sociales para saber algo de su vida, de sus aficiones, de sus amistades, y ¡bingo! había una foto de esa persona que lo iba a entrevistar con gorra de capitán al timón de un velero de doce metros de eslora. Mi amigo, casualmente, es patrón de barco y, a pesar de vivir en Madrid, tiene un velero y va a Santander todos los fines de semana que puede a participar en regatas. El puesto, evidentemente, no era para tripulante de ningún navío, aunque realmente sí que tenía relación con el sector del transporte; el empleo al que optaba era un puesto para comprar piezas de avión.

Sin lugar a dudas esa foto era la clave, y sin que mi amigo lo supiera, iba a ser la llave que le iba a permitir entrar en la empresa. Tras una larga entrevista donde el castellano y el inglés se intercambiaron para hablar de la experiencia y de las competencias que mi amigo podía ofrecer a la empresa, llegó el momento en el que de manera muy natural y sin que pareciese forzado, pudo incluir el tema "barcos" en la conversación de una manera sutil. Hasta ese momento había demostrado que cumplía con el perfil, que poseía las competencias que el puesto exigía, que dominaba el inglés, pero fue cuando salió el tema que les unía cuando empezó a ganar puntos para ser el elegido.

Sin duda se presentaron más personas al puesto que cumplían con lo que la empresa estaba buscando, lo que no tenían el resto de candidatos era un velero de seis metros y un título de patrón de barcos. Encontrar aquella foto en *Facebook* fue un golpe de suerte y de no haberla visto, mi amigo nunca hubiera incluido el tema de su pasión en aquella entrevista. Cuando los dos empezaron a hablar de su afición, de las regatas y de la mar, la entrevista pasó a ser una conversación y fue ahí cuando comenzaron a conectar.

Si no has tenido suerte en tu investigación, no te preocupes. Además de la palabra, existen otras formas de "reflejar" para generar relaciones y vínculos. Podemos reflejar la fisiología de la otra persona. Trataremos de acercarnos a su tonalidad, al volumen de su voz, si habla deprisa o con pausas. También lo puedes intentar con las posturas. Si ladea su cabeza hacia un lado, haz lo mismo; imita el patrón de su respiración; la manera de mirar (siempre mirando a los ojos y si tiene estrabismo, mira al entrecejo); sus expresiones faciales, si sonríe, sonríe también; si muestra seriedad, mantén la seriedad; y cómo no, el movimiento de sus manos también se puede reflejar. Cualquier aspecto de la fisiología es reproducible y ese espejo que colocamos frente al reclutador, se reflejará directamente en su inconsciente. Hazlo de manera natural y, por supuesto, no es necesario reproducir todas las características de la otra persona para inspirar su simpatía.

El entrevistador o entrevistadora se verá reflejado en ti y pensará "¡Ay va! Si esa persona es como yo, seguro que es buena y trabajadora y que nos entenderemos bien". Si consigues esto, se producirá un vínculo fuerte, tanto más eficaz por cuanto es inconsciente.

* * *

Imagina que serás capaz de dar lo mejor de ti

Volviendo a la PNL, y sin abusar mucho, en los talleres recurro a uno de sus conceptos básicos: "El mapa no es el territorio". Y os preguntaréis, ¿qué significa esto? Significa que las representaciones internas de cada quien, no son la reproducción exacta de un acontecimiento, sino una interpretación filtrada a través de creencias individuales, actitudes y valores. Al no saber cómo son las cosas de verdad sino solo cómo nos las imaginamos, ¿por qué no las representamos de manera que aumenten nuestras posibilidades de encontrar un empleo en vez de limitarlas?

Comienza imaginando que irás a tu próxima entrevista de trabajo con el convencimiento de que serás capaz de ofrecer la mejor de tus versiones. Para conseguir este estado emocional, necesitas un trabajo previo, y entre otros ejercicios puedes superar tus miedos gracias a los llamados "Anclajes PNL".

Los anclajes PNL se basan en que tenemos la capacidad de visualizar y de entrar en un estado anímico más poderoso, donde sentimos la seguridad propia, y luego ser capaz de acceder a ese estado en cualquier momento que se necesite. Un anclaje PNL es cualquier estímulo que nos traslada a ese estado anímico donde sentimos que tenemos el poder, representando en nuestra mente esa situación de manera que no nos limite y logre vencer el miedo.

En una sesión con Isabel nos propusimos generar anclajes para superar su pánico a hablar en público. La invité a cerrar los ojos y visualizar un espacio donde se sintiese segura y poderosa. Le pregunté qué olía, qué escuchaba, qué sentía, qué estaba viendo. Mientras nos contaba y reproducía esa escena, le dije que cogiese un objeto como un bolígrafo, o se tocase un dedo de la mano, o la oreja. La elección del anclaje ha de ser personal y lo más discreta posible. Una vez realizado este ejercicio le aconsejé que durante varios días lo repitiese en su casa hasta que acabase por interiorizarlo. Con el estímulo de su anclaje, Isabel logra trasladarse a ese espacio de poder donde sus miedos son vencidos aunque esté frente a una gran oportunidad de trabajo.

Gustavo, licenciado en comunicación, había desarrollado su carrera profesional en departamentos de compras, *marketing* y atención al cliente. Sin embargo, era consciente de que le faltaba ganar confianza cuando tenía que hablar en público o tratar con clientela, lo cual suponía un freno en su trayectoria y, sobre todo, ahora que se encontraba sin trabajo, le limitaba a la hora de encontrar un empleo. Gracias a los ejercicios que realizamos con los anclajes, fue capaz de superar esas situaciones de pánico como recoge en su testimonio:

"Además de un montón de herramientas, como el anclaje que uso con frecuencia, el lenguaje no verbal que he profundizado y que he seguido trabajando, son muchas cosas, pero, sobre todo, destacar la experiencia de que me enseñaras a poder recuperar la confianza en mí mismo. El hecho de ir a la radio y hablar, aunque fuesen dos palabras, antes de la lanzadera, era para mi impensable."

* * *

Vuelve mejor de lo que eras
Un amigo al que le gusta mucho el baloncesto me contó que los jugadores, en el tiempo que dura su lesión y recuperación, practican aquello en lo que no son tan buenos. De esta manera, cuando llega el momento de volver a la competición lo hacen siendo mejores jugadores de lo que eran antes.

Volver mejor profesional tras el desempleo es una píldora fundamental para que aumenten tus oportunidades de encontrar un trabajo. Para conseguirlo tienes que aprovechar este tiempo y formarte en aquellas áreas de mejora que has detectado. La formación continua es imprescindible en el ámbito profesional y aún lo es más en momentos de desempleo.

En una entrevista de trabajo te van a preguntar por esos momentos que en tu currículum aparecen en blanco. Siempre puedes demostrar con la formación, que has estado sin trabajo, pero activo. Además, demuestra que cuentas con una de las competencias más valoradas hoy en día por las empresas. La *"learnability"*, es la capacidad para aprender nuevas habilidades a lo largo de la vida, para permanecer empleable a largo plazo.

Mara Swan, EPV de Manpower Group, afirma que el concepto de *"learnability"* tiene dos dimensiones: la capacidad de continuar aprendiendo y el deseo de conocer por el gusto de conocer, sumado a la actitud positiva hacia retos que desarrollen nuevas habilidades. Se trata de un concepto que une la capacidad con la actitud, y que termina dando como resultado una persona profesional muy completa y preparada para los cambios que están por llegar.

Aprovecha este tiempo para reciclarte. Existen sectores tradicionales como los servicios, la industria o la construcción que han dejado de ser oportunidades laborales en algunas de sus áreas, y tal vez fuesen aquellas a las que te dedicabas anteriormente. Tienes que ser flexible y adaptarte a las nuevas exigencias del mercado laboral. Toda tu experiencia y conocimientos acumulados durante los años de vida laboral tienen un gran valor que te diferencia de la juventud, lo único que tienes que hacer es actualizarlos con una formación adecuada a tus objetivos profesionales. Investiga para saber qué es lo que le falta a tu perfil para ajustarse a lo que hoy demandan las empresas en tu sector, y busca cursos, talleres o asiste a congresos donde puedas adquirir esos conocimientos o habilidades que necesitas.

Hay multitud de cursos gratis online que puedes encontrar en función de tu perfil profesional. Los denominados *MOOCs (Massive Open Online Course)* son una modalidad de formación online que se caracterizan por ser cursos *online* y en abierto, es decir, diseñados para ser impartidos a un amplio alumnado a la vez y gratuitos:

https://www.aulatutorial.com/

Si lo que necesitas es adquirir competencias digitales puedes acudir a *Google Actívate* en el siguiente enlace:

https://learndigital.withgoogle.com/activate

Otras páginas donde puedes encontrar cursos *online* y gratuitos son:
Fundae: https://www.fundae.es/
Miriadax: https://miriadax.net/home?timestamp=
Udemy: https://www.udemy.com/
Coursera: https://es.coursera.org/
Edx: https://www.edx.org/
UniMooc: https://unimooc.com/
Cursos de la UNED: http://ocw.innova.uned.es/ocwuniversia

Y no debes olvidar los certificados de profesionalidad, la mayoría son presenciales, y son gratuitos y oficiales, impartidos por los Servicios Públicos de Empleo de cada Comunidad Autónoma.

* * *

Cuida tus redes sociales
Según el informe del año pasado de Infoempleo "Talento Conectado. Nuevas realidades del mercado trabajo", donde se analiza el proceso de selección y cómo inciden en este proceso la tecnología y las redes sociales, ocho de cada diez profesionales de recursos humanos aseguran consultar en internet los perfiles de las candidaturas preseleccionadas antes de tomar una decisión de contratación.

Las empresas investigan, y como este informe recoge, la mayoría de las personas que se encargan de los procesos de selección creen que las candidaturas que son activas en redes sociales tienen más oportunidades de hacerse con el puesto que quienes no aparecen en las búsquedas. Es más, una de cada cinco empresas ha llegado a descartar candidaturas por no saber utilizar las redes sociales según un informe de Adecco.

Tal vez pienses que esto de las redes sociales es para la juventud, pues nada de eso. Si quieres trasladar una imagen de profesional que se actualiza y demostrar que la edad no supone ninguna barrera para estar al día en competencias digitales, tener *LinkedIn* o un perfil de *Facebook* profesional, te va a aportar muchos puntos en un proceso de selección.

Aunque no es suficiente con estar presente, hay que crear y cuidar los contenidos en las redes para llamar la atención en positivo de las empresas.

El 80% opina que las candidaturas no trabajan de forma adecuada su marca personal en *social media*. Cuando se pregunta a las personas desempleadas, reconocen dedicar poco tiempo al cuidado de la imagen profesional que proyectan a través de sus redes: la mitad de ellas dedica menos de una hora a la semana a esta tarea.

Es tal la importancia de lo que se transmite en redes sociales, que más de una tercera parte de las empresas afirma haber desestimado más de una candidatura por la mala imagen del perfil en Internet.

Cada vez hay más empresas que utilizan las redes sociales para publicar ofertas de empleo y evitar así pagar anuncios en otras plataformas. Por esta razón es fundamental que con nuestros perfiles podamos acceder a estas ofertas.

Si estamos fuera de la red, estas oportunidades se quedarán en la parte oculta del iceberg. Para ello es importante que sigas las páginas de las empresas que te interesen en *LinkedIn, Facebook, Twitter o Instagram*.

Estar presente en redes, te va a permitir localizar y recuperar el contacto de antiguas amistades o compañeros y compañeras de trabajo, que te pueden ayudar en tu búsqueda de empleo. Únete a grupos de *Facebook* o *LinkedIn* de tu sector o grupos específicos de empleo donde se publican ofertas a las que de otra forma no llegarás.

El 70% de las personas que buscan trabajo, están presentes en redes sociales. Si aún no estás en la red, te encuentras en desventaja con respecto a tu competencia. Esta es, por sí sola, una razón de peso para dedicar tiempo a tu presencia *online*.

Cuidado con hacer apología de cualquier tipo de violencia o discriminación, o promover el consumo de drogas o alcohol y, sobre todo, evita el uso de imágenes poco apropiadas porque son los aspectos que más influyen en la persona que selecciona para rechazar una candidatura.

No olvides que la primera entrevista de trabajo la realizan las personas que seleccionan a través de nuestras redes sociales, y muchas veces no somos conscientes de ello.

Cuidado con tus perfiles en *Instagram, Facebook, Twitter* o *LinkedIn*. Si decides estar presente, gestiona las redes con cabeza y, si son personales, controla tu privacidad y restringe el acceso para que tu perfil sea solo visible para las personas que tú quieras que te encuentren.

Para bien o para mal, la visibilidad que ofrece internet, *Facebook* o *LinkedIn*, es infinita. Cualquier persona desde cualquier lugar puede acceder a nuestros contenidos y perfiles.

Aprovéchalo en positivo y convierte tus redes sociales en escaparates donde las empresas y los departamentos de selección puedan ver tu profesionalidad.

La edad no debe ser un impedimento para que tengas tus perfiles bien trabajados y ofrezcas una imagen profesional. Actualmente hay muchos cursos *online* gratuitos a los que puedes inscribirte y de una manera muy sencilla aprender a crear y gestionar tus redes sociales. En este enlace encontrarás cursos de *LinkedIn, Facebook, Twitter* o *Pinterest*:

https://www.aulafacil.com/cursos/redes-sociales-c83

* * *

Si buscas trabajo, trabaja *LinkedIn*

Si estás buscando empleo hay un lugar en internet donde debes estar presente y en activo. *LinkedIn* es la red social que conecta a profesionales de todos los sectores y además ofrece la posibilidad de acceder a ofertas de empleo, páginas de empresas o contactos profesionales a través de su buscador.

Es una red social profesional sin edad y esto lo tienes que aprovechar. No hay ningún apartado donde tengas que indicar los años que tienes, lo que interesa destacar en los perfiles son los logros profesionales y la experiencia laboral, por lo que cuanto más dilatada sea tu vida profesional, mejor perfil podrás ofrecer.

Es fundamental que definas quién eres, qué buscas y qué ofreces, utilizando las palabras clave adecuadas por las que quieres que las empresas o profesionales te encuentren. Estas palabras tienen que aparecer no solo en el titular de tu perfil sino también en el resto de apartados.

Cuidado con las palabras que eliges. El buscador de *LinkedIn* no es semántico, ¿y qué quiere decir?, pues que se trata de un buscador literal. Si alguien quiere encontrar un operario de servicios o un ingeniero, y son estas palabras las que utiliza en su búsqueda, en los resultados no van a aparecer ni operarias ni ingenieras. Lamentablemente, el lenguaje inclusivo aún no ha llegado a *LinkedIn*.

Un error común de las personas que están en desempleo es poner en sus perfiles "en búsqueda activa de empleo" o "en búsqueda de nuevas oportunidades". Error. Nadie va a encontrarte como profesional en *LinkedIn* con esas palabras clave. Van a escribir en el buscador ingeniero de minas, fresador o diseñadora gráfica, pero nunca "profesional en desempleo".

Como afirma la experta en *LinkedIn*, Inge Sanz, publicar contenidos de valor e interactuar con personas de tu sector, te va a permitir primero ser una persona conocida en la red, después reconocida por tu profesionalidad y por aquello que ofreces y, finalmente, el objetivo es que te admiren y deseen para que las empresas se interesen por ti.

* * *

Digitalízate

Hace unos meses la Fundación Santa María La Real publicó el informe "Patrones de búsqueda de empleo en Internet" donde se muestran las necesidades de formación en competencias digitales y las dificultades de conexión que tienen las personas desempleadas. El estudio detecta varios problemas graves: casi el 10% de las personas encuestadas afirman que no disponen de conexión en su hogar, y son las mayores de cuarenta y cuatro años las que menos buscan empleo por internet, junto a aquellas con menor nivel de estudios. Dos de cada diez personas en desempleo no buscan trabajo en el entorno *online* y reconocen no saber hacerlo.

Las competencias digitales además de ser fundamentales para el desempeño en cualquier profesión, lo son también para buscar empleo. Asistimos a una digitalización de la selección de personal y a una digitalización de la búsqueda de empleo.

Esteban Vicente de ASV Consulting nos advierte de que hay procesos de selección que los están realizando ordenadores a través de procesos automatizados. El consultor diferencia entre reclutar y seleccionar. Para que te recluten basta con cumplir los requerimientos objetivos, algo que puede comprobar un ordenador; mientras que para que te seleccionen, tienes que demostrar tu diferencia, donde entra la evaluación de datos subjetivos y no solo los objetivos.

Cada vez es más común la utilización de plataformas digitales, redes sociales o *software* de gestión de currículos como herramientas para optimizar el proceso de gestión y selección de personal, lo que se conoce como "*e-Recruitmen*". En estos procesos es fundamental incluir las palabras clave que aparecen en la oferta tanto en los cuestionarios *online* como en el curriculum que subamos a la plataforma. Si no lo hacemos, una máquina nos va a impedir pasar el primer filtro de la criba. En estos procesos automatizados las máquinas registran además de las respuestas, el tiempo que tardas en contestar. Todo ello requiere que te familiarices con las nuevas tecnologías y que conozcas las herramientas digitales que se van a utilizar en la selección.

La empresa Unilever que comercializa marcas como Frigo o Dove, utiliza la inteligencia artificial y la gamificación, los juegos, para la selección de su plantilla. Las personas que optan rellenan un formulario de solicitud de empleo completamente *online*, y en lugar de enviar un curriculum escrito, aportan el perfil que poseen en *LinkedIn*. Con gamificación, mediante doce juegos *online*, evalúan sus capacidades emocionales, sociales y cognitivas. De este modo, valoran las funciones para las que las candidaturas están más capacitadas y si sus perfiles encajan en lo que busca la compañía.

Se pide a quien aspira a un puesto que se grabe mediante un dispositivo digital para solucionar problemas reales de la compañía en un tiempo determinado.

Para finalizar, las personas seleccionadas, pasan un día en una de las sedes de Unilever donde se reúnen con el personal del área laboral que los está seleccionando, e incluso se entrevistan brevemente con la dirección, que puede observar cómo se desenvuelven en la realidad del negocio y evaluar su comportamiento.

Ya sabes que muchas de las ofertas solo se publican en redes sociales, en portales de empleo o en las webs corporativas. Localiza aquellas plataformas que ofertan puestos de tu perfil, y dedica el tiempo necesario para rellenar los formularios, aunque sea un trabajo tedioso. Las empresas buscan cada vez más en internet y, si no estás, nunca te encontrarán.

La edad no debe ser una excusa para no aprender y más cuando estos informes indican que más de la media de personas desempleadas mayores de cuarenta y cinco no supera el nivel básico de competencias digitales. No puede ser que tres de cada diez mayores de cuarenta años, no disponga de correo electrónico. Hoy en día la ley de protección de datos impide que dejemos curriculums en persona y nos van a pedir que se lo mandemos por *email*. Abrir una cuenta de *Gmail* con tu nombre y apellido para trasladar una imagen profesional, es muy sencillo. Recuerdo un correo que me llegó no hace mucho con un currículo a través de la cuenta gatita18@gmail.com, por supuesto, ni lo abrí.

Además de tener un correo electrónico, es interesante aprender a gestionar la marca profesional en redes sociales. El 80% de las personas que se dedican a la selección de personal, rastrean los perfiles en internet para obtener información de las candidaturas.

Volviendo al estudio de la Fundación Santa María La Real, mayores de cuarenta y cuatro son quienes menos buscan empleo por internet, tan solo el 54% y, además, el 12% necesita ayuda. A partir de esta edad, son mayoría quienes prefieren utilizar el ordenador antes que el móvil. Este dato es curioso ya que casi la mitad de las personas desempleadas no tienen ordenador y sin embargo el 87% dispone de móvil.

Hay muchas aplicaciones móviles gratuitas disponibles para *Android* e *IOS* que nos podemos descargar para la búsqueda de empleo: *Infojobs, Cornerjobs, Job and Talent, Work Today, LinkedIn, Job Today, Indeed, Trovit, Opción Empleo, Jobrapido o Mitula Empleo* son algunas de ellas.

Si lo que necesitas es ponerte las pilas y familiarizarte con el mundo digital, te recomiendo la formación gratuita en competencias digitales que ofrece la Fundación Estatal para la Formación en el Empleo (Fundae):

https://www.fundae.es/trabajadores/digital%C3%ADzate

También dispones de los cursos gratuitos que tiene *Google Activate* y en concreto uno que consta de 7 módulos "Competencias digitales para profesionales" de la mano de la Fundación Santa María La Real:

https://learndigital.withgoogle.com/activate/course/digital-skills

* * *

Atención a los nuevos modelos de entrevistas digitales

Al igual que el teletrabajo, los *webinars* o la formación *online*, las entrevistas digitales han llegado para quedarse. No son fruto de una moda o de una necesidad que creció durante la pandemia. Cada vez son más las empresas de selección las que llevan a cabo sus procesos de manera telemática y debemos prepararnos.

Nos podemos encontrar con un "Cuestionario inscripción" donde lo más importante es dedicar tiempo a contestar cada una de las preguntas que nos plantean. Su única función es la de cribar e incluyen tres o cuatro cuestiones básicas que sí o sí debe cumplir la persona que se presenta.

La empresa nos puede enviar también un "Formulario" donde se recogen los datos básicos. Al igual que ocurre con el cuestionario, debemos dedicar tiempo, revisar la ortografía, enfocarlo en positivo, transmitir interés e intentar vendernos lo mejor posible.

El siguiente paso suele ser la "Entrevista telefónica". Se realizan preguntas personales con la intención de saber si las personas cumplen con los requisitos imprescindibles. Una llamada que no esperamos puede que nos encuentre en un mal momento como puede ser haciendo compras o recogiendo a tus peques.

Es importante que lo digamos y que pidamos posponer la llamada a otro momento lo antes posible. Debemos dar la misma importancia a una entrevista telefónica que a una presencial, y cuidar aspectos como evitar ruido, lo que hemos visto de la sonrisa telefónica, mostrar interés y entusiasmo, hablar claro, escuchar y sobre todo llegar a generar interés en quien te entrevista por saber más de ti y querer conocerte.

Las nuevas tecnologías permiten que nos llegue un *email* con un enlace para que grabemos una video-entrevista contestando a una serie de cuestiones que nos plantean. Al no ser en tiempo real, podemos prepararla antes de grabarla. Hay que dar la misma importancia que a una videoconferencia, desde cuidar la ropa, la luz, el encuadre, el fondo. Cada respuesta tiene un tiempo determinado y lo que se pretende con este ejercicio es sobre todo valorar determinadas competencias como la comunicación. Al no tener a una persona delante que nos está entrevistando, podemos contestar con mayor tranquilidad que con una video-llamada.

Seguramente, durante la cuarentena has utilizado *Skype, Zoom, Meet* u otro programa para conectarte con amistades y familia. Estos son los programas que vas a necesitar conocer para muchas entrevistas que harás en adelante. Las "Video-entrevistas *online*" cada vez son más comunes y debes prepararte para la siguiente. Antes de todo comprueba la tecnología, que tengas internet con capacidad, que controlas la herramienta, cuidar la imagen, el decorado, que tu posición en la silla sea como en una entrevista presencial. La mirada es muy importante y cuando hacemos una videoconferencia tendemos a mirar a la pantalla y no a la cámara del ordenador. En fin, que cuanto antes nos familiaricemos con estas nuevas herramientas digitales, mayor comodidad vamos a encontrar en estos nuevos procesos de selección.

* * *

Ser la opción elegida depende de una emoción
Cuando estás en búsqueda activa de empleo, te enfrentas a procesos de selección donde una vez superada la criba inicial con tu currículum, llegas al momento en el que te van a conocer personalmente. Realizas una entrevista perfecta, tal y como la habías preparado y ensayado, consigues poner en valor tus competencias y muestras todo lo que puedes hacer por la empresa. Sales con alegría y tranquilidad puesto que has hecho todo lo que dependía de ti. Sin embargo, nadie llama o en el mejor de los casos, a los pocos días, recibes una llamada para comunicarte que no has sido la persona elegida. No entiendes por qué y desconoces cuál es la razón por la que te descartan. Quedas fuera del proceso y es aquí cuando te preguntas, ¿qué he hecho mal? ¿dónde he fallado?

Seguramente, si le preguntamos a la persona que nos ha hecho la entrevista, necesitará tiempo para encontrar argumentos y poder darnos una explicación. Cumplimos el perfil, la formación es la requerida, incluso contamos con todas las competencias que requiere el puesto, pero hay algo por lo que no hemos sido la candidatura elegida. No hemos hecho nada mal, no hemos fallado y no hay ninguna razón por la que nos hayan descartado, ¿entonces qué ha ocurrido?

Simplemente que ha entrado en el juego una protagonista fundamental en el proceso de toma de decisiones de la persona que selecciona: la emoción.

Muchas veces, la decisión de las personas reclutadoras a la hora de decidirse por una candidatura u otra, se toma desde la intuición, desde esa parte del cerebro donde se regulan las emociones, lo que se conoce como sistema límbico. Al igual que ocurre en un proceso de compra, la decisión se toma desde el plano emocional y posteriormente tratamos de justificar esta decisión desde el plano racional. Para esta justificación recurrimos a otra parte del cerebro que solo tenemos los seres humanos, el neocórtex. De esta forma, la toma de decisiones y la capacidad para explicarlas se dan en diferentes partes del cerebro.

Está demostrado que las decisiones tomadas desde el sistema límbico, desde la intuición, desde la emoción, son más rápidas y de mayor calidad. La mayoría de las decisiones que tomamos durante el día son rápidas, nada más y nada menos que el 95% de las decisiones se toman de manera inconsciente. Incluso muchas veces aun cuando le estamos dando vueltas y vueltas a una decisión importante, en realidad la tenemos clara desde el primer momento, pero es precisamente la responsabilidad de esa importancia la que impide ser una persona impulsiva y creer que estás madurando la decisión cuando lo cierto es que ya está tomada hace tiempo.

Todas las decisiones tienen una mezcla de emoción y de razón. Analizar los pros y los contras de cada una de las decisiones que tomamos supondría un gasto enorme de energía y de tiempo, dos recursos de los que muchas veces las personas encargadas de realizar la selección de candidaturas, carecen. Pero eso no quiere decir que la razón no tenga un papel importante. Es después de tomar la decisión emocional cuando la racionalizamos para convencernos de que es la mejor opción.

En una entrevista de trabajo vamos a tener más oportunidades si conseguimos emocionar a la otra persona, sin olvidar que a continuación es necesario aportar argumentos que justifiquen la contratación.

Cuando hago entrevistas para conformar equipos en los diferentes programas que coordino, apenas dispongo de información objetiva ni de tiempo para estudiar con detalle a cada una de las personas. Esto me impide muchas veces tomar una decisión perfectamente argumentada y razonada a la hora de seleccionar a las personas elegidas. Es en ese momento donde doy libertad y abro las puertas a mi intuición.

Lo que sí es cierto es que para ayudar a la intuición y dejarme llevar por la emoción, acostumbro a realizar preguntas en las entrevistas que tienen que ver con el "porqué" o el "para qué" de las personas. Cuestiones que responden a "¿por qué quieren trabajar aquí o participar en este proyecto?", dicen mucho de las motivaciones y de las emociones. Es una manera de observar cuáles son sus valores, sus creencias y su forma de entender el mundo, y lo que es más importante, ver si coincido con ellas y ellos.

Hay una razón para que no surja amistad con todas las personas que conocemos, lo somos de la gente que ve el mundo de manera similar a la nuestra, que comparte nuestra opinión y creencias. Soy de quienes piensan que las empresas tienen que contratar a personas que compartan sus valores.

* * *

En ocasiones es cuestión de confianza

¿En quién confías más, en tu hermano o en una persona que te acaban de presentar? Si tienes que elegir entre dos marcas de bicicleta, ¿influye más lo que diga un anuncio o la recomendación de una amistad aficionada al ciclismo? O cuando vas a comprar un ordenador ¿te fías de quien dice que todos los ordenadores son excepcionales o quien te recomienda aquél que se ajusta a tus necesidades? Según un informe publicado por Cetelem hace unos años sobre las razones que impulsan a la hora de consumir, la confianza tiene un peso del 40% en la decisión de cualquier compra, ¿no piensas que es un dato que podemos aplicar a una contratación?

La confianza es un sentimiento que, como dice Simon Sinek, va unido a la cooperación y tiene su origen en el Paleolítico. Hace 50.000 años, los primeros homo sapiens vivían rodeados de peligros que amenazaban su supervivencia.

Como animales sociales, hemos evolucionado viviendo y trabajando de forma cooperativa, en lo que el autor llama "círculo de seguridad", y al sentir dicha seguridad, la reacción natural ha sido la confianza y la cooperación. Se podía dormir tranquilamente y confiar en que otro miembro de la tribu velara por el peligro. Hoy en día, aunque los peligros son otros, ocurre exactamente lo mismo. Las empresas buscan personas de confianza, que además de garantizar que van a desempeñar sus funciones de la mejor manera, encajen en un equipo de trabajo donde van a cooperar y mejorar la productividad.

Buscamos tener cerca personas con las que compartir y con las que sabemos que vamos a sintonizar. Seguramente aquel seleccionador del que os hablé antes, el de la afición por los barcos, pensó que mi amigo, además de cumplir perfectamente con el perfil que estaban buscando, iba a adaptarse en su empresa, vamos, que alguien que ama la vela seguro que es de confianza.

La confianza es fundamental en el día a día, y conseguir o no un contrato de trabajo, es muchas veces cuestión de confianza. Para ganar la confianza, lo primero que debes hacer es ponerte en el lugar de la persona que te va a contratar, qué es lo que están buscando y no me refiero solo al perfil profesional. Si investigas a la empresa obtendrás información muy valiosa relacionada con los valores que comparten, su filosofía de trabajo, y esto te va a ayudar a contestar a una pregunta clave sobre la que tienes que reflexionar: ¿Por qué la empresa debería confiar en mí?

Por supuesto, llegar con recomendación a un proceso de selección te va a ayudar muchísimo. Quienes tenemos más años, contamos aquí con una ventaja importante respecto a la juventud; ya que al haber trabajado más tiempo y haber coincidido con más personas en nuestra vida laboral, nos habrá permitido conocer a más gente que nos pueden recomendar en un momento dado. Es necesario investigar la empresa a la que optas o conocer a las personas que te van a entrevistar, quizá encuentres contactos comunes que puedan hablar de ti.

Las recomendaciones personales ayudan mucho en cualquier toma de decisión como puede ser la compra de unas playeras o la contratación de una persona. Confiamos en las opiniones de las demás personas, pero no en los juicios de cualquiera sin más. Nos inclinamos a confiar en quien comparte nuestros valores y creencias.

* * *

Amplía tu "perímetro de seguridad"

Habréis oído hablar de la famosa "zona de confort", como ese lugar del que debemos salir para avanzar, crecer y aprender. Continuamente nos invitan a huir de ahí con proclamas como "¡Arriésgate y sal de tu zona de confort!", "¡Sal de tu zona de confort y cambia tu vida!" o "¡Salir de tu zona de confort te hace libre!"

Personalmente, a ese espacio donde nos encontramos sin miedos y que tenemos totalmente controlado, me gusta llamarlo "perímetro de seguridad". ¿Por qué? Pues porque si hacemos caso a la definición de "confort" veremos que este vocablo hace referencia al conjunto de condiciones materiales que proporcionan bienestar o comodidad, y realmente ¿quién quiere salir de ese lugar en el que tenemos asegurada una vida placentera? Si estamos cómodos en un sitio, ¿para qué vamos a cambiar?

Los y las expertas hablan de una segunda zona que nos encontramos al salir de la de confort, la "zona de aprendizaje", un paso intermedio para llegar a lo que se denomina la "zona de pánico". En cualquier caso, llamemos como llamemos a ese lugar en el que sentimos seguridad y del que, por diversas razones, no queremos salir; en vez de cambiar de zona, ¿por qué no tratamos de ampliar nuestro "perímetro de seguridad" probando nuevas acciones, utilizando herramientas que hasta ahora no tenía y aprendiendo cada día? Si nos armamos de los instrumentos necesarios, podremos adentrarnos en nuevos lugares y caminos. Para ello tienes que marcarte el objetivo de aprender nuevas competencias y conocimientos con el fin de tener la preparación adecuada para el cambio y afrontar nuevos retos.

Cuando me despidieron, me obligaron a salir de ese perímetro, un lugar del que tal vez nunca hubiese salido por propia voluntad; y en el que me habría quedado sin aprender muchísimas cosas.

No hace mucho tiempo coincidí con una de las personas que me convenció para dejar la agencia de comunicación en la que llevaba años e irme a su empresa. Se trataba de uno de los políticos con los que estuve trabajando antes de mi despido. Fue un momento muy especial, ya que lo primero que me salió decirle fue "gracias". No había ni un gramo de ironía en esa palabra, lo único que sentía era gratitud. Por supuesto que mi duelo estaba más que superado, pero nunca llegué a pensar que podría agradecer aquel despido y, sin embargo, lo estaba haciendo y lo decía desde la serenidad y con toda honestidad. Gracias a ese cambio en mi vida, había encontrado el trabajo que realmente me hacía feliz.

En el momento de aquel encuentro, llevaba unos años centrado en estos programas de empleo ayudando a personas desempleadas a alcanzar sus objetivos y estar más cerca de lo que podemos denominar su felicidad. Aquel día del que hablo, yo estaba pletórico. Me acababa de llamar una de las participantes que, entre lágrimas y palabras entrecortadas por la emoción, me pudo decir que empezaba el lunes siguiente a trabajar. Irene, una mujer de cincuenta y tres años, retomaba su vida profesional después de tres años en el desempleo. Empezaba a trabajar en un centro colaborador del servicio vasco de empleo (Lanbide) como orientadora laboral.

Recuerdo el día que la conocí cuando acudió nerviosa para formar parte de un equipo en una lanzadera de empleo. En el momento en el que empezó a hablar, rompió a llorar mientras trataba de contar la historia de su vida. No podía contener las lágrimas cuando hablaba de su situación en el desempleo y lo duro que estaban siendo estos años sin trabajar. Emocionalmente destrozada, había perdido toda la confianza no solo en encontrar un empleo, sino algo mucho más importante, ya no tenía confianza en sí misma. Aquel día que rompió a llorar mientras compartía sus sentimientos, fue el día que Irene comenzó a salir de su "perímetro de seguridad".

En aquella llamada de la que hablo, también había lágrimas, pero estas eran de agradecimiento y de felicidad, en tres días comenzaba su nueva vida.

* * *

Un viaje a la felicidad

Y lo cierto es que este libro no va solo de la búsqueda de un empleo. Con estas experiencias que recojo, auténticas historias de superación, este libro trata de acompañar a aquellas personas que estáis dispuestas a emprender el viaje hacia la búsqueda de la felicidad.

Como dice Eduardo Punset "la felicidad está escondida en la sala de espera de la felicidad". Personas y animales contamos en el cerebro con el hipotálamo donde tenemos lo que llaman el circuito de búsqueda. Este circuito que alerta los resortes de placer y de felicidad, solo se enciende, por ejemplo, durante la búsqueda de alimento y no durante el acto de comer. Si observamos la actitud de un perro cuando le estamos llevando la comida, vemos que se pone como loco y no deja de menear el rabo mostrando su felicidad. En cambio, no presenta el mismo entusiasmo mientras devora el alimento.

Es en la búsqueda, en la expectativa, donde radica la mayor parte de la felicidad. La posibilidad de un nuevo trabajo muy deseado supera con creces la felicidad una vez ya conseguido. Es importante aprender a disfrutar de esa búsqueda, y todas estas píldoras que te voy ofreciendo a lo largo del libro, tienen la misión de que así sea. No se trata de que te las tomes todas, solo aquellas que hasta ahora no has probado y, sobre todo, esas píldoras que se adaptan a lo que necesitas.

Los primeros meses que estuve en desempleo me castigaba a diario no solo con mi mal humor, renuncié a uno de mis placeres, la siesta. Pensaba que al estar sin trabajo no me merecía perder el tiempo cada día con un sueñecito después de comer, me sentía mal si lo hacía, me veía como un vago. Estaba nervioso, intranquilo y por la noche no dormía bien. Todo esto se sumaba a mi desesperación y me sentía cansado, enfadado y deprimido.

Este estado emocional duró hasta que me encontré con esa frase de Punset. Me di cuenta de que me estaba equivocando, que esta no era la forma correcta de buscar trabajo. Si quería empezar a tener oportunidades, debía cambiar de actitud y alejar el nubarrón que me acompañaba. Decidí empezar a disfrutar de la búsqueda, y dejar de sentirme culpable. Retomé hábitos como el de la siesta, que me ayudó a tener más energía, me permití momentos de ocio con la familia y amistades, y dediqué tiempo a mi deporte favorito, el tenis.

Me ayudó a recuperar la ilusión, y a que el trabajo de buscar empleo fuese más llevadero e incluso, sin tener empleo, me permití ser feliz mientras lo encontraba.

* * *

Cambia de gafas
Quienes tenemos más de cuarenta, seguramente habremos llegado al desempleo tras una larga trayectoria en una o dos empresas. En algún momento, llegaríamos a pensar que nos jubilaríamos en ese puesto y que nuestro matrimonio laboral duraría toda la vida como había ocurrido con nuestros progenitores. En los últimos veinte años, aunque el número de matrimonios ha disminuido, los divorcios se han triplicado y ya son casi siete rupturas por cada diez matrimonios. Algo parecido está ocurriendo en el mercado laboral, donde por un lado disminuyen los contratos indefinidos y, por otro, aumentan los despidos y los contratos temporales.

Muchas de las personas a las que he acompañado en los programas de empleo, cumplían este perfil: más de veinte años trabajando en la misma empresa, desempeñando prácticamente la misma función, desarrollando tareas que dominaban perfectamente y sin ninguna necesidad de estar en continua formación.

Se trata de personas trabajadoras que, por las propias circunstancias de su situación laboral, no han tenido que desarrollar nuevas competencias como aprendizaje, capacidad de adaptación o flexibilidad. Su día a día lo tienen controlado y no necesitan salir de su perímetro de seguridad para afrontar nuevos retos o tareas. Situadas en una posición acomodada, cuando llega el desempleo se les rompen todos sus esquemas.

Pasado un luto, es necesario aceptar la nueva situación, entender cuál es el nuevo paradigma laboral y lo que nos toca aprender tras la pandemia. La juventud seguramente está acostumbrada a trabajar por proyectos, con contratos temporales y colaboraciones esporádicas. Lo aceptan porque es lo que les ha tocado vivir, pero a los que hemos conocido los contratos indefinidos, nos cuesta más adaptarnos. Tener hipoteca y familia, aumenta nuestra preocupación por perder la seguridad laboral.

Cada vez hay más gente que genera sus ingresos realizando trabajos y encargos para diferente clientela o empresas y participando en proyectos colaborativos, y son menos quienes obtienen empleos a tiempo completo o parcial. El término *"Gig Economy"* hace referencia a esos trabajos esporádicos que tienen una duración corta y en los que la persona que se contrata tiene una función concreta dentro del proyecto. De hecho, la palabra *"gig"* proviene de la jerga musical y se refiere a las actuaciones cortas que los grupos musicales realizan, es decir, los conocidos "bolos".

Esto no quiere decir que nuestra vida laboral va a estar condenada a vivir de los bolos que nos vayan saliendo, pero si es cierto que es una realidad que está ahí, y que cuanto antes la aceptemos, antes aprenderemos a disfrutar y a verlo como una oportunidad.

> *"Una de las ideas con las que me quedé, fue lo de "trabajo por proyectos". En otro momento de mi vida, trabajar así lo hubiera vivido mal, pero actualmente es como estoy trabajando y además estoy encantada. Me siguen llamando de Arkaute para procesos de selección, y aunque no es de continuo, tengo una cierta continuidad, y lo más importante, también tengo tiempo para dedicarme a otras cosas cuando no tengo que trabajar, con lo cual, no puedo pedir más".*

Esto es lo que decía una participante cuando recordaba su paso por uno de estos programas de empleo.

Estos "bolos" nos pueden ir ayudando en ese "mientras tanto" y así no descolgarnos del mercado laboral. Hay que entenderlo también como una oportunidad para aprender nuevos trabajos, nuevas funciones, desarrollar otras competencias y habilidades y, sobre todo, algo muy importante: nos va ayudar a mirar con otros ojos, a entender nuestra situación de otra forma.

Javi, compañero del programa de empleo "Lanzaderas", acudió desde el primer día pidiendo ayuda a gritos. Tras más de veinticinco años trabajando en televisión para un conocido canal autonómico, se había quedado en desempleo. Recuerdo perfectamente esa reunión grupal donde teníamos que seleccionar al equipo que iba a formar parte del primer proyecto que poníamos en marcha. Sentado junto a otras nueve personas que también aspiraban a formar parte del equipo, formando un semicírculo, nos contó cómo tras toda una vida trabajando como técnico de sonido para la misma empresa, se había quedado sin empleo. Su sonrisa al contar la situación en la que se encontraba, donde tan solo lo llamaban de vez en cuando para pequeños "bolos", trataba de compensar la tristeza que reflejaba su mirada.

Las personas que teníamos que elegir el equipo, decidimos que era necesario acompañar a esa persona para que consiguiera empezar a mirar de otra forma lo que le estaba ocurriendo. Carecía de esas herramientas o, al menos si las tenía, no las estaba utilizando para observar la realidad que lo rodeaba. Muchas veces lo único que necesitamos es cambiar de gafas para ver mejor lo que tenemos delante. Años después de su paso por el programa decía lo siguiente:

"Para mí supuso un nuevo enfoque de vida, esmeré la visión y me creé una misión. Transmitir equilibrio en mi entorno, aprovechar lo aprendido para superar situaciones desagradables, asomarme a la ventana de Johari, dejar de preocuparme por lo que no puedo cambiar y ocuparme en hacer lo que puedo y sé hacer, yo lo llamo ecología del esfuerzo".

* * *

Ponte a tiro de cazatalentos

Antes hemos visto que el 80% de las ofertas de trabajo permanecen ocultas y que una de las razones de ello es para evitar largos y costosos procesos de selección. Algunas empresas prefieren delegar la elección a otras expertas.

Los y las profesionales del *headhunting* o cazatalentos, realizan búsquedas directas de perfiles concretos que le han solicitado las empresas y, en ocasiones, se dirigen incluso a personas que no se encuentran en búsqueda activa de empleo.

Cuando alguien busca una persona como tú, se pone en contacto con la empresa de cazatalentos y facilita información detallada de lo que necesita y de las condiciones laborales que ofrece. A continuación, comienza la búsqueda, generalmente en redes sociales como *LinkedIn* que cuenta con un buen motor de búsqueda y una amplia base de datos. ¡Recuerda, como hemos visto, que tu primera entrevista de trabajo tiene lugar en las redes sociales sin que seas consciente de ello!

Una vez que han dado contigo, te contactan y te van a explicar con detalle las características de la oferta, seguramente sin decirte el nombre de la empresa. Si te interesa, te van a entrevistar, y es cuando la empresa de cazatalentos selecciona entre dos y cinco candidaturas para que sea la empresa interesada quien haga la selección final.

No creas que quien trabaja como *headhunter* solo busca oportunidades para puestos directivos, de ingeniería o informática. Estas empresas cuentan con diferentes departamentos para cubrir todo tipo de perfiles y categorías.

* * *

Busca empleos con competencias humanas

Hace unos meses cayó en mis manos el libro "La vida de 100 años, vivir y trabajar en la era de la longevidad". Las primeras páginas comienzan con una mala noticia: será necesario trabajar hasta los ochenta años. Señala que en poco tiempo será imposible mantener el actual sistema con jubilaciones a los sesenta y cinco en una sociedad de personas centenarias.

Hasta ahora hemos entendido la vida en tres etapas: estudios, trabajo y jubilación. Los autores del libro afirman que este concepto ya no tiene sentido. Entre otras cosas porque lo aprendido hasta los veintitrés ya no va a servir a los ochenta, ni siquiera será suficiente para cuando cumplamos treinta ya que la tecnología evoluciona rápidamente. Viviremos etapas de estudio, de trabajo, de formación y trabajo; y así hasta que nos permitan llegar a la jubilación.

Es el momento de aceptar esta realidad y de entender que el nuevo paradigma laboral propone una serie de cambios para los que tenemos que tener preparación. Modelos de trabajo más flexibles, colaboraciones y contrataciones en proyectos, aprendizaje continuo, nuevas funciones, nuevos empleos y, sobre todo, la necesidad de contar en nuestro "saber hacer" con competencias digitales.

Este virus, aunque ha parado el día a día en el que vivíamos, ha acelerado la llegada del nuevo paradigma; y ya no lo vemos como una distopía salida de una serie de ficción. Se ha demostrado que ya no solo un virus informático puede colapsar la economía; este virus humano, además de matar, ha provocado mayores daños en los sistemas financieros de todo el planeta.

Además del teletrabajo, hay que señalar otros cambios que traerá consigo esta nueva realidad. Muchas empresas, ante esta amenaza, apostarán por automatizar puestos de trabajo que hasta el momento desempeñaban personas, con el fin de no tener que parar su producción si algo parecido volviese a ocurrir.

El hundimiento del mercado de trabajo ha tenido lugar porque muchos de los trabajos de media cualificación realizaban muchas tareas rutinarias, tanto cognitivas como manuales, y la tecnología ha sustituido estos empleos a un precio más bajo que el trabajo humano. Ahora, además de considerarlo más rentable, pueden considerarlo más seguro, ya que a la tecnología y a los robots no les afecta el virus humano.

Entonces, ¿cómo podemos competir en esta nueva realidad? La respuesta es: desarrollando competencias humanas únicas.

Muchas habilidades y capacidades son únicas y de momento no pueden ser replicadas o sustituidas por la inteligencia artificial o robots. Por un lado, contamos con habilidades asociadas a la resolución compleja de problemas que se basan en la experiencia, el razonamiento inductivo y habilidades de comunicación. Por otro lado, poseemos un conjunto de capacidades humanas que tienen que ver con las interacciones interpersonales y la adaptabilidad situacional.

Para entender mejor el primer grupo de competencias humanas que derivan, sobre todo, de la experiencia, podemos recurrir a lo que se conoce como *Paradoja Polanyi*. Esta hace referencia a que "los seres humanos sabemos más de lo que podemos contar". Una cantidad importante del conocimiento humano no puede ser escrito en forma de instrucciones por lo que no puede ser replicado ni por la robótica ni por la inteligencia artificial.

Tu experiencia y todos los conocimientos que has ido adquiriendo a lo largo de tu vida laboral, va a ser una de las competencias más importantes para poner en valor en los empleos de esta nueva realidad.

Para explicar el segundo grupo de competencias humanas, tenemos otra paradoja, la *Paradoja Moravec*. Afirma que mientras que para una máquina o un robot es relativamente sencillo realizar cálculos analíticos o multiplicar cifras muy altas; presentan serias dificultades para doblar, por ejemplo, un pantalón o subir unas escaleras. Las habilidades sensoriales y motoras (tan automatizadas que ni siquiera somos conscientes de ellas) exigen una enorme capacidad computacional.

El desarrollo y entrenamiento de estas competencias humanas que nos convierten en seres únicos, es lo que nos va a permitir acceder en este momento a empleos o proyectos que solo la humanidad puede desempeñar mejor que cualquier robot o máquina, incluso aún si tenemos ochenta años.

* * *

Paso a paso

Igual que hacía Beppo, el personaje que barría las calles en el libro Momo, tu camino hacia el empleo lo debes recorrer paso a paso. Si te marcas objetivos muy ambiciosos, habrá muchos días, hasta que alcances ese objetivo, en los que no obtendrás resultados y esto te va a generar frustración. Es preferible que marques metas diarias a corto plazo, que lleves a cabo las acciones para conseguirlas y así todos los días obtendrás pequeños resultados.

Como comenté anteriormente, hace cuatro años sufrí un accidente muy grave. El personal médico no se atrevía a decir cuándo iba a volver a andar. Un año, dos años, no lo tenían nada claro. Durante el tiempo de rehabilitación, no me obsesioné con que llegara el momento de echar a correr. Lo que hacía era marcar cada día pequeños retos como ducharme sentado en una silla, lavarme los dientes de pie o dar diez pasos con muletas. Esos pequeños logros los apuntaba en mi agenda; hasta que un día, un año después del accidente, levanté la vista y me vi en el reflejo de un escaparate de pie, sin silla y sin muletas.

Mi gran objetivo se había cumplido dando pequeños pasos, superando pruebas a corto plazo; con esfuerzo, con ilusión y sin pausa. Sin saberlo, estaba aplicando a mi vida la metodología *Kaizen*, un término que proviene del japonés, *kai* que significa cambio y *zen*, que hace referencia a la mejora continua. Tras la II Guerra Mundial, empresas como Toyota o Sony, han aplicado esta metodología a la mejora continua en su producción.

El propósito de la metodología *Kaizen* consiste en alcanzar las metas y los objetivos de un modo continuado y de una forma progresiva. Se trata de una filosofía de trabajo donde la idea es ir continuamente haciendo pequeños cambios o pequeñas mejoras para conseguir el mejor resultado.

En tu búsqueda de empleo debes centrarte en lo importante, apartando del camino aquello que te resta y que interrumpe tu propósito y poder así maximizar tu tiempo, esto también es *Kaizen*.

* * *

Aléjate de la Kryptonita

Todos los súper héroes y súper heroínas tienen su Kryptonita, no permitas que la tuya te debilite. Puede que haya personas a tu alrededor que te desanimen y que puedan contagiar su pesimismo. Aléjate inmediatamente de ellas y rodéate de personas que aporten, que crean en ti y te ayuden a crecer. No lo confundas con alejarte de aquellas personas que necesitan tu apoyo cuando están mal, esa no es tu Kriptonita.

Si acudes a talleres, cursos o eventos de tu sector, vas a conocer a personas que tal vez estén en tu misma situación, y que han decidido buscar trabajo de manera proactiva y no esperando en su casa a que los llamen. Nunca veas a estas personas como competencia, en cualquier momento pueden surgir sinergias y alianzas. No olvides que la suma de esfuerzos multiplica, trabajar en equipo siempre es más productivo y enriquecedor.

Las Lanzaderas de Empleo son un claro ejemplo. Equipos formados por veinte personas desempleadas, con perfiles heterogéneos, de diferentes edades, trabajan de manera colaborativa buscando oportunidades laborales para todas las personas que lo conforman. No hay rivalidades, tienen asumido que, compartiendo sus conocimientos, sus habilidades y su ilusión, pronto encontrarán un empleo.

Acércate a quienes te motivan, te inspiran, e imita sus acciones. En este libro tienes ejemplos de personas como tú, que un día tomaron la decisión de convertirse en protagonistas de su búsqueda de empleo.

Hay quienes tratan de brillar apagando a quien tiene a su lado Aléjate de estas personas porque lo único que les interesa es alcanzar su propio objetivo y no te van a ayudar en tus propósitos. Son personas egoístas y manipuladoras y constantemente critican tus acciones y tus ideas. Son personas muy tóxicas, cuyo veneno crea una dependencia emocional de la que tienes que huir. No te permitirán brillar porque tienen miedo a que ilumines sus carencias.

Acércate a la luz de quienes brillan y hacen brillar a quien rodean porque esos son los auténticos liderazgos que te van a acompañar en la búsqueda de empleo. Mónica recuperó la confianza y la ilusión gracias a las personas con las que coincidió en el programa de empleo en el que entró como cuenta en este testimonio:

"Aturdida y mareada. Tambaleante, vacía, hueca…así me dejó el desempleo. Lo recuerdo igual que cuando de niños jugábamos a marearnos dando vueltas con los ojos cerrados. Ese desconcierto sin norte y sur. Sin equilibrio. Sin horizonte. Y curiosamente, lo que siempre me fortaleció, lo que siempre me hacía latir, y brillar, en aquellos momentos me ahogaba aún más: la responsabilidad de mi familia. Su futuro.

Así las cosas, llegué al equipo de la lanzadera muy tocada la verdad, y ya desde el primer encuentro sentí mejoría. Me sentí rápidamente en mi entorno, en equipo, en mi lugar. De pronto, sentí que volvía a pertenecer a un grupo. Recuperé mi lado social. Era parte de un equipo de personas que perseguía un mismo objetivo. Misteriosamente pasé de que nada pudiera entrar en mi cabeza, a ser una esponja de aprendizaje de todas los que componíamos el equipo: sus diferencias, sus modos, su expresión verbal, sus sentimientos, todos… me iban dando una visión más amplia, y cada uno me aportaba sus fórmulas en aquel mismo desconcierto. Recuperé una entereza impresionante.

Ellos y ellas me ayudaron a recuperar el equilibrio, la serenidad, el empuje y las ganas. En pocos meses, volvía a creer en mí, y volví a ser yo. La de antes del mareo".

* * *

El efecto Pigmalion o la profecía autocumplida

Este efecto tiene su origen en un mito griego donde un escultor, Pigmalión, se enamora de una de sus esculturas, Galatea. Tal es el amor que siente por ella que la trata como si fuese una mujer de verdad. Afrodita, diosa del amor, tras un sueño de Pigmalión, decide dar vida a la figura. Gracias a creer que la estatua estaba viva, finalmente Galatea cobró vida.

En psicología y en el mundo de la educación, se relaciona este efecto con la influencia que una persona puede ejercer en el rendimiento de otra. Si a tu lado hay una persona que constantemente te está diciendo que vas a fallar, que así no vas a conseguir un trabajo o que eres una persona parada sin oportunidades, seguramente no consigas un empleo porque te están haciendo creer que tu fracaso es posible. Hay algo que te empuja a cumplir la profecía. Sin embargo, si te rodeas de personas que constantemente te animan a continuar con tu propósito, que te dicen lo buen o buena profesional que eres y lo que vales, alcanzarás tus objetivos mucho antes de lo que hubieras conseguido sin esas palabras poderosas.

El efecto Pigmalión o la profecía autocumplida te ofrece la oportunidad de conseguir aquello que te propongas si de verdad crees en ello. Si eres capaz de generar creencias positivas y te repites todos los días que vas a conseguir tu objetivo de encontrar un empleo, no tardarás mucho en alcanzarlo. Piensa siempre en positivo, solo depende de ti y logra resultados sorprendentes cuando lo practicas.

* * *

No esperes, emprende

Emprender y convertirse en trabajador o trabajadora autónoma, sacando adelante un proyecto o idea, es una opción elegida en muchas ocasiones por personas con más de cuarenta años. Pero no solo vale con disponer de experiencia en el sector elegido o entender que se trata de una gran oportunidad de negocio única, el proyecto debe pasar necesariamente por un proceso de validación y asesoramiento. Existen organismos como las Cámaras de Comercio y centros de ayuda al emprendimiento donde nos pueden orientar de manera gratuita. Te van a acompañar en la puesta en marcha de tu proyecto, asesorando para que realices un plan de negocio y no cometas errores comunes de quien comienza a emprender. Desde estos centros, que dependen muchos de ellos de instituciones públicas, se ofrecen cursos de formación relacionados con temas administrativos, *marketing* y publicidad, trámites legales, aspectos jurídicos, y conceptos básicos para la gestión de una empresa.

Actualmente existen ayudas económicas para el autoempleo de las que te puedes informar en la comunidad donde resides. En este enlace tienes recogidas las subvenciones a las que puedes acceder:

https://www.infoautonomos.com/ayudas-subvenciones-autonomos/ayudas-y-subvenciones-para-autonomos/

Lucía se quedó en el desempleo después de trabajar varios años en el departamento de recursos humanos de una importante ONG. Llevaba un tiempo buscando ofertas afines a su perfil y, sin embargo, no terminaba por decidirse. No tenía muy claro si quería continuar trabajando de la misma manera, quería dar un giro en su trayectoria profesional.

El primer objetivo en su proceso de cambio y de reorientación era recuperar su autoestima. Necesitaba analizar y poner nombre a lo que le estaba ocurriendo, a los sentimientos y emociones que la situación de desempleo le estaban bloqueando. Aún no había superado su despido que además se había agravado por problemas personales. Con mucho esfuerzo y un gran trabajo de autoconocimiento, superó el duelo, aceptó lo que le tocaba vivir, y decidió tomar las riendas de su vida profesional. Recuperó fuerzas, ganó en autoconfianza, mejoró competencias y se formó en aquellas áreas que había descubierto que necesitaba para completar su objetivo profesional.

En unas semanas, Lucia sabía perfectamente lo que quería, había trabajado duro para estar segura de cuál era su propósito y era el momento de pasar a la "comunic-acción". Descubrió que, sin renunciar a su experiencia y conocimientos, a sus competencias y habilidades, podía poner su *expertise* al servicio de nuevos objetivos profesionales. Solo había un problema, la oferta laboral que buscaba, no llegaba.

Comenzó a participar en congresos, asistió a foros de empleo, a charlas y, sobre todo, trabajó las relaciones y los contactos. Bien de manera presencial, practicando *Networking* como a través de *LinkedIn*, se propuso dar a conocer su trabajo y todo lo que podía ofrecer. Invirtió tiempo en la gestión de su marca personal, diseñó un logotipo y creó su propia empresa de consultoría especializándose en desarrollo profesional y en formación de competencias. Lucía no esperó a que surgiera una oferta con su perfil, creó su propia oportunidad y, hoy en día, varias empresas contratan sus servicios para que personas desempleadas mejoren su empleabilidad.

Las personas que tenemos más de cuarenta, como Lucía, tenemos la gran ventaja de contar con una experiencia en nuestra profesión que permite poner nuestros conocimientos al servicio de diferentes empresas y proyectos, trabajando como personas expertas contratadas de manera autónoma. El tiempo de reflexión que dedicó a su búsqueda Lucía, le sirvió para aclarar su objetivo profesional.

"Lucha compartida, esa fue la clave del éxito. Se generó un espacio donde sanar y salir reforzado. Desaprender para aprender. Explorar y descubrir. Creer para crecer. Dar y recibir. Volví a confiar en mis posibilidades. Me despojé de fantasmas del pasado, sintiéndome libre para decidir y elegir. Levanté la cabeza y miré en todas direcciones. Y ya no busqué trabajo, sino que lo creé".

* * *

Saca brillo a tu edad

Llegamos al final del libro y tienes razones suficientes para pensar que tu trayectoria profesional es tu gran tesoro. Por lo tanto, no permitas que la edad sea un obstáculo en tu búsqueda de empleo, conviértela en tu gran fortaleza.

Debes estar orgulloso u orgullosa de los años que tienes, de la experiencia y de los conocimientos que has ido añadiendo a tu currículum a lo largo de la trayectoria laboral y lograr convertirlo en tu valor diferencial cada vez que te postules a un empleo.

Existen muchas creencias que limitan la contratación de mayores de cuarenta, aunque es sencillo encontrar argumentos para debilitarlas.

Pueden pensar que, por tener más edad, no te has actualizado. Demuéstrales que te estás formando continuamente y cuentas con competencias digitales, así no podrán utilizar esta excusa para rechazar tu candidatura.

La sobrecualificación de personas con mucha vida laboral, en ocasiones se convierte en un freno a la contratación. Esto también lo tienes que poner de tu parte afirmando que tu capacidad de adaptación y de adquirir nuevos conocimientos, sumados a tu experiencia, te convierten en la candidatura perfecta.

Otra creencia es que las empresas quieren reducir costes y las personas mayores de cuarenta no aceptan salarios bajos. Muchas veces se rechazan estas candidaturas con experiencia sin comprobar que tal vez acepten esas condiciones. Esto es un error por parte de las empresas. Si te dan la oportunidad de decidir, debes tener claro cuál es el sueldo a partir del cual vas a trabajar, pensando que más adelante puedan reconocer tu valía con un aumento.

La dificultad de movilidad en el trabajo y de flexibilidad en los horarios, que viene justificada en ocasiones por las responsabilidades familiares, es un argumento que se utiliza también para no contratar a este colectivo. Sin embargo, las personas de más de cuarenta, normalmente tienen a las criaturas ya crecidas y esto permite compaginar las obligaciones familiares y laborales. En una entrevista de trabajo debemos ponerlo en valor si es que surge el tema.

Hemos hablado también en el libro de las relaciones intergeneracionales en el trabajo, y es que te puede tocar un jefe o una jefa más joven que tú. Si te preguntan en una entrevista si esto supone un problema para ti, contesta que los puestos de mando no se logran por los años que tienes, sino por las responsabilidades que eres capaz de asumir y por las competencias que posees. Aprender de alguien más joven tiene muchos alicientes.

Saca brillo a tus logros en el currículum, en tu *Elevator Pitch* o en la entrevista. Aquí la edad también juega a tu favor, ya que a lo largo de tu vida laboral habrás cosechado más logros que alguien que acaba de empezar a trabajar. Tus logros se suman a tu valor diferencial.

Aprovecha tu red de contactos creada durante tu larga trayectoria profesional, aquí la edad juega a tu favor, más años, más contactos. Piensa que todas las personas que conoces no solo te pueden ayudar a encontrar un empleo. Esa red es un recurso muy valioso para cualquier empresa en la que trabajes y ellas lo saben.

La edad nos aporta más autoconocimiento y, por lo tanto, mayor confianza en nuestras capacidades. No esperes a que te llegue la oferta, debes mostrar proactividad en tu búsqueda y practicar el *Networking*. Las personas mayores de cuarenta años ganamos en las distancias cortas, así que dedica más tiempo a las relaciones personales que a las inscripciones en portales de empleo.

Considera reiniciarte en nuevos nichos de empleo. Investiga qué sectores y empresas tienen más afinidad por contratar a mayores de cuarenta y con experiencia, y evita perder el tiempo y tu esfuerzo en aquellos puestos que buscan perfiles más jóvenes. Los expertos coinciden en que sectores como la comunicación, el *marketing* o el comercial, prefieren candidaturas de menor edad.

Ten siempre presente la posibilidad de trabajar por tu cuenta y ser tu propia empresa. Trabajar como persona autónoma en proyectos concretos o, incluso, ofreciendo consultoría especializada, son oportunidades que tenemos quienes contamos con muchos años de experiencia en el mercado laboral.

Recuerda que *LinkedIn* no tiene edad, y es el lugar perfecto para mostrar tu trabajo, tus logros y todo lo que puedes ofrecer.

La actitud no depende de los años, así que muéstrate siempre con positividad, motivación y con ganas de trabajar. Si eres capaz de trasladar esa imagen de vitalidad, nadie te va a mirar como a una persona mayor sin ilusión.

Seguro que en los años que llevas trabajando, te habrás encontrado con diferentes tipos de dirección y te habrás relacionado con compañeros y compañeras con quienes has tenido que llegar a acuerdos para trabajar en equipo sin conflictos. En este tiempo has desarrollado habilidades sociales y comunicativas, has entrenado competencias que quienes tienen menos años, aún no han trabajado.

Utiliza todo esto a tu favor, puesto que hoy en día las empresas buscan personas proactivas, con ilusión, que encajen perfectamente en los equipos, que sepan comunicar, con madurez para tomar decisiones, con iniciativa, creativas e innovadoras.

¿Todavía sigues pensando que eres mayor para trabajar? Demuéstrales que con los años mejoramos nuestras competencias y que la edad y la experiencia son nuestro mayor tesoro, es el momento de sacar brillo.

Me gustaría terminar con unas palabras de Noelia. Una de las protagonistas de este libro lleno de historias de esfuerzo y de ilusión, de sueños y de trabajo, y que demuestran que, si desde hoy empiezas a creer que es posible, solo tienes que empezar a andar porque el camino lo tienes delante.

"...y por supuesto, aprender que esto no es un estigma, esto es un reto más en la vida laboral. Aprender que esto es una carrera de fondo, de esfuerzo, de constancia y de abrir la mente.

¿Que buscar empleo es un trabajo? Sin dudarlo".

AGRADECIMIENTOS

Voy a tratar de ser breve en agradecimientos, aunque tenga mucho que agradecer, de lo contrario necesitaría más páginas de las que puedo pagar.

El primer agradecimiento es a mi compañera de viaje, Conchi, gracias por elegirme de copiloto. Siempre estás ahí apoyando y animando con esa sonrisa que ilumina los caminos, aunque sean oscuros y tortuosos. Gracias Iker por tu amor, por despertarme cada vez que me quedo dormido, porque en nuestro caso fue el hijo quien dio la vida al padre.

A mamá, por enseñarnos a disfrutar de la vida, por tu energía, por los valores que hemos heredado y por tu luz, porque "Para ti es la vida". Posiblemente las dos personas que más admiro son mis hermanos, y sin su ayuda y consejos, este libro seguramente no hubiese avanzado, su opinión es fundamental para mí.

A la Yayi, una de las mujeres más buenas que conozco y que con más de 80 años me muestra cada día que lo importante es saber qué es lo importante.

A mis primeras lectoras Leire, Vero, Mar, Lucía, María, Nadia y Oiane. Gracias por vuestros comentarios y por ser las mejores compañeras.

A la Fundación Santa María La Real, por pensar en las personas y crear un programa como las Lanzaderas de Empleo y Emprendimiento solidario que ayudan al desarrollo profesional y personal, y en especial a José María Pérez "Peridis", su ideólogo y un referente en esto del empleo.

Gracias a Teresa Laespada, a Gloria Múgica, a Gaztea Ruíz, a Susana González y a Pilar Carranza por confiar en mí y darme la oportunidad de participar en un programa tan especial desde el Departamento de Empleo, Inclusión Social e Igualdad de la Diputación Foral de Bizkaia.

Gracias Lucía por tu arte, es un lujo contar con esta portada para el libro. Nadie mejor que tú sabe de los efectos de estas píldoras.

A Alex Ochoa, por ayudarme con tus consejos y hacerme ver que es posible con "Actitud salmón".

Y, por supuesto, gracias a todas esas personas, protagonistas de este libro, por ser permeables y permitir que calaran los consejos, por ser generosas y dejar que os acompañara en vuestro viaje y, sobre todo, gracias por hacerme crecer como profesional y como persona.

¿QUIÉN SOY?
JOSÉ LUIS BEZANILLA

Desde siempre tuve muy claro que quería dedicarme a la comunicación por lo que con dieciocho años fui a Bilbao a estudiar Ciencias Sociales de la Información. Como creo que en comunicación lo importante son las personas, tras licenciarme, continué los cursos de doctorado para conseguir la suficiencia investigadora en Sociología. Me costaba mucho despegarme del mundo universitario y gracias a una beca en el departamento de comunicación, durante tres años impartí clases como profesor de apoyo. Este fue mi primer contacto con la docencia.

Cuando estaba a punto de terminar la beca, recibí la llamada de un amigo para decirme que la agencia de noticias Europa Press abría delegación de televisión en el País Vasco. Me presenté a la entrevista con una ilusión que mantuve durante casi trece años como reportero de televisión en un lugar tan complicado en aquel momento como era el País Vasco.

Este trabajo me dio la oportunidad de vivir momentos históricos en primera fila, y seguramente, por la situación tan delicada en la que trabajábamos los y las periodistas, los lazos de amistad que surgieron entre compañeros y compañeras se mantienen vivos a día de hoy.

Mientras trabajaba en medios, no quería olvidar la docencia y estudié el CAP por si algún día decidía volver a las aulas. Sin embargo, el gabinete de comunicación de un partido político se puso en contacto conmigo para hacerme una oferta. Necesitaban un periodista audiovisual con conocimientos de páginas web y redes sociales para trabajar como asesor del Parlamento Europeo. Yo cumplía con el perfil. Accedí con la misma ilusión que años atrás, esta vez iba a conocer otro lado de la comunicación.

El proyecto duró tres años intensos, hasta que razones que nada tuvieron que ver con mi desempeño, ni con mi persona, provocaron la cancelación anticipada de mi contrato. Aquí comenzó mi viaje por los caminos del desempleo.

Durante un año y medio sin empleo, trabajé muy duro con un objetivo a la vista: volver al mundo de la docencia. Un Máster en Marketing y Comunicación *online*, diferentes cursos orientados al coaching, a la comunicación y a la docencia, un posgrado en recursos humanos, e idiomas, ocuparon mi tiempo hasta que llegó la oportunidad como docente en un taller de empleo. Tras esta experiencia llegaron otras impartiendo certificados de profesionalidad y así fue como me especialicé en la formación orientada al empleo.

El salto a la primera división de los programas de empleo llegó cuando la Fundación Santa María La Real y el departamento de Empleo, Inclusión Social e Igualdad de la Diputación Foral de Bizkaia, me dieron la oportunidad de coordinar durante cuatro años el programa de innovación social para el empleo, Lanzaderas de Empleo y Emprendimiento en Bilbao. Aquí fue donde crecí como persona y como profesional, y gracias a las personas que acompañé durante estos años, este libro se llena de historias de superación, de trabajo y de éxito personal y profesional.

Actualmente sigo vinculado a la comunicación como periodista en una agencia y acabo de iniciar un nuevo proyecto de empleo donde acompaño a personas desempleadas como consecuencia de la pandemia en la reorientación, recualificación y recolocación en el sector del metal.

BIBLIOGRAFÍA

Sinek, S. **Empieza con el porqué: Cómo los grandes líderes motivan a actuar**
Ediciones Urano SAU (2018)

Echeverría, R. **El observador y su mundo**
Editorial Granica (2009)

Kübler-Ross, E. **Sobre el duelo y el dolor: Cómo encontrar sentido al duelo a través de sus cinco etapas**
Editorial Luciérnaga (2006)

Huebner, D. **Qué puedo hacer cuando estallo por cualquier cosa**
TEA Ediciones, S.A (2008)

Clark, T. y Osterwalder, A. **Tu modelo de negocio**
Editorial Deusto (2012)

Lynda Gratton y Andrew Scott **La vida de 100 años, vivir y trabajar en la era de la longevidad**
Editorial Verssus editorial (2017)

Ende, Michael **Momo**
Editorial Alfaguara (1984)

Área de empleo y emprendimiento de la Fundación Santa María La Real **Patrones de búsqueda de empleo en internet: diagnóstico y retos de las personas en desempleo** (2020)

Covey, Stephen R. **Los 7 hábitos de la gente altamente efectiva**
Editorial Booket (2015)

Salas, Carlos **Story Telling la escritura mágica**
Mirada Mágica SRL (2017)

Godin, Seth **¿Eres imprescindible?**
Centro Libros PAPF (2011)

Robbins, Anthony **Poder sin límites**
Penguin Random House Grupo Editorial (1987)

Anderson, Chris **Charlas TED. La guía oficial TED para hablar en público**
Deusto. Grupo Planeta (2016)

www.ingramcontent.com/pod-product-compliance
Lightning Source LLC
Chambersburg PA
CBHW031414210526
45464CB00005B/1882